基督教文化研究丛书

主编 何光沪 高师宁

十编 第**14**册

近代山东基督教历史资料译丛
——在山东前线：美国北长老会山东差会史
（1861~1940）（上）

〔美〕奚尔恩 著

郭大松 译

花木兰文化事业有限公司

国家图书馆出版品预行编目资料

近代山东基督教历史资料译丛——在山东前线：美国北长老
会山东差会史（1861～1940）（上）／郭大松 译 -- 初版 --
新北市：花木兰文化事业有限公司，2024〔民 113 〕
目 4+148 面；19×26 公分
（基督教文化研究丛书 十编 第 14 册）
ISBN 978-626-344-627-4（精装）
1.CST：美国北长老会 2.CST：传教史 3.CST：山东省
240.8   112022501

ISBN-978-626-344-627-4

9 786263 446274

基督教文化研究丛书
十编　第十四册

ISBN：978-626-344-627-4

近代山东基督教历史资料译丛
——在山东前线：美国北长老会山东差会史
（1861～1940）（上）

译　　者　郭大松
主　　编　何光沪、高师宁
执行主编　张　欣
企　　划　北京师范大学基督教文艺研究中心
总 编 辑　杜洁祥
副总编辑　杨嘉乐
编辑主任　许郁翎
编　　辑　潘玟静、蔡正宣　美术编辑　陈逸婷
出　　版　花木兰文化事业有限公司
发 行 人　高小娟
联络地址　台湾 235 新北市中和区中安街七二号十三楼
　　　　　电话：02-2923-1455 ／传真：02-2923-1452
网　　址　http://www.huamulan.tw 信箱 service@huamulans.com
印　　刷　普罗文化出版广告事业
初　　版　2024 年 3 月
定　　价　十编 15 册（精装）新台币 40,000 元

近代山东基督教历史资料译丛
——在山东前线：美国北长老会山东差会史
（1861~1940）（上）

郭大松 译

译者简介

郭大松（1953- ），山东蓬莱人，山东师范大学历史文化学院退休教授。

主要研究方向为中国近现代史、区域城市史、基督教在华传播史，著、译、编著述十余部，海内外公开发表学术论文三十余篇、译文四十余篇。

提 要

该书作者为资深美国宣教士、齐鲁大学历史学教授兼齐鲁大学图书馆馆长奚尔恩（Jonh J. Heeren）所作。正是由于他的这些身份，因而得以广泛利用美国、英国以及美、英、日在华各类图书馆特别是美国北长老会当时还保存完好的档案资料和会议记录，并得到了诸多同事和同工的热心帮助，"客观"、"平实"地记述了美国北长老会山东差会自 1861 年至 1940 年的宣教史，涵盖了美国北长老会八十年间山东各宣教地的创建、发展壮大及各种事工的方方面面。本书的一个显著特点，是将美国北长老会在山东宣教的历史，放到近代中国社会各个发展阶段重大历史事件的经纬中加以考察，令人们深切感受到了美国北长老会在近代山东的活动，与当时国际和中国国内局势的发展变化密切相关，既看到了基督教对山东社会发展变化的重大影响，又了解了国际和中国国内局势的变化对基督教在山东乃至中国宣教事业发展不可忽视的正反作用。或许作者觉得这一特色记述方式会影响读者对差会的历史、发展变化及事工的清晰认知，在书后附录六篇，其中四篇简洁但却十分清晰明了地介绍了差会各宣教地开辟的时间和发展概况、宣教政策的发展变化、与其他基督教差会的友谊合作、差会的医疗卫生和文化教育事业的发展成就和总体概况，阅后令人一目了然。

献给：
我的妻子伊蒂丝（Edith W. Heeren）
及我在山东的其他差会同工

MAIN GATEWAY, CHEELOO UNIVERSITY

PANORAMA OF CHEELOO UNIVERSITY, TSINAN, CHINA

目

次

前　言

　　本书努力客观地描述美国北长老会山东各宣教地的历史。事实上，笔者本人就是一位在山东活动的传教士，自然会抱持一种同情和宽容的心态进行写作，但也有可能忽视某些在局外人看来不容置疑的事实。然而，不管怎么说，这是遵照美国北长老会山东差会平实记述的要求所做的一次认真尝试。

　　书中中国人的姓名，依照威氏拼音法用罗马字标示。地理名称，则尽可能使用中国邮政拼音法。但是，在索引内的插入内容似乎理想、重要的各种拼写，将使用罗马拼音。征用的引文中，不依照本书中国人名、地名的拼写方法规则，原作者的罗马拼音未做改动。

　　本书写作过程中，笔者有幸得到了很多帮助、忠告和建议。本书得以与读者见面，要感谢伦敦克雷赛德出版社（The Cresset Press）、牛津克伦顿书局（The Clarendon Press）、哈佛大学出版社，感谢南满铁道株式会社（South Manchuria Raiway Compony）的赤城（Roy H. Akagi）博士好意允准征引参考文献中列出的他们的某些出版物。

　　申乐道（Roy M. Allison）牧师、罗密阁（Harry G. Roming）牧师、莫雷（E. E. Murray）先生、葛爱德（Amuta E. Carter）小姐、仁赐美（Nettie D. Junkin）小姐、明恩美（Emma E. fLeming）医生、苏美丽（Mary J. Stewart）小姐、汉德（atharine Hand）小姐提供了他们在山东各自布道站的资料，在此表示衷心谢意。拉莫特（Willis Lamott）博士为首的美国北长老会海外宣教部编辑宣传司，特别是编辑宣传司的巴布考克（Ruth M. Babcock）小姐，给予了很大帮助。这里要特别提到笔者齐鲁大学的同事张（L. C. Chang）、温菲尔德（G. F.

Winfield)、斯科特（J. C. Scott）、菲利普斯（E. L. Phillips）教授，图书管理员胡（Y. C. Hu）、打字员苗（Henry Miao）。特别要感谢齐鲁大学奥古斯丁（Augustine Liberary）图书馆、国立北平图书馆（National Liberary at Peking）、青岛的德人社区图书馆（German Community Liberary）、上海的英国皇家亚洲文会华北支会图书馆（Library of the North China Branch of the Royal Assiatic Society）、美国北长老会海外宣教部图书馆、纽约的宣教研究图书馆（missionary research liberary）以及纽约公共图书馆。有相当一些资料是在北平美国和英国大使馆、艾伦（Stuart Allen）任领事时的烟台领事馆获取的。

阿伯特（Paul R. Abbott）博士和惠勒（W. Reginald Wheeler）博士对本书提出了建设性批评意见，并阅读了部分手稿，美国北长老会中国议会（China Council of the Presbyterian Church in the U. S. A.）主席威尔斯（Ralph C. Wells）博士对本书的撰写和出版亲切关心，笔者这里也一并表示感谢。最后，但却并非最不重要的，要感谢笔者妻子的鼓励以及在本书撰写过程中给予的帮助。书中任何错误和不当之处，完全由笔者个人承担责任。

奚尔恩

1940 年 3 月于纽约

上篇 背 景

第一章　导引述要

一、中国：历史览要

（一）1840 年以前

正如我们今天所熟知的，中国是由两部分即中国本部（China Proper）与所谓的外围疆域（Outlying Territories）组成的[1]。中国本部面积较小但更重要一些，以前常常称之为"十八行省"。于是，西藏、新疆、内蒙、外蒙以及满洲，就称之为外围疆域，尽管今天有些人不想把满洲和外蒙算在内了。面积较小的中国本部，仅是全部疆域的大约三分之一，或者说接近 1,532,800 平方英里，大约相当于密西西比河东岸的美国大小，更大范围的中国，即连同外围疆域，要比美国、巴西或加拿大都要大。

中国本部地貌多样。西部主要是高地，从西藏和蒙古高原向下倾斜，一直延伸到内地。东半部主要是低洼地。内陆北部有半数为冲积平原，南部则多是山岭分隔开来的平缓高地，有大量河谷厕身其间。在中国本部这些地区，可以说由三条大河流分成了三大板块。北面有常常被称为"中国之忧患"（China's Sorrow）的黄河；南部有西江，中部则有巨大河流长江穿越期间。横贯中国中部的长江，类似于穿越北美的密西西比河与穿越南美的亚马逊河。

我们必须在中国本部寻找中华文化和文明的起源，这一问题至今依然模糊不清。目前我们所能确定的是，大约在公元 3,000 年前，渭河（陕西省）与

1　中国本部——China Proper，是清代中后期和民国时期中外习用的词语，意指明代中国疆域的汉族聚居区，具体大致为内地十八行省。外围疆域——Outlying Territories，指内地十八省以外的东北、蒙古、新疆等边疆地区——译者注。

黄河的汇合点附近，出现了最初农耕的华人群体。此时这些华人已经处在相当文明的阶段了，因为他们已经拥有大量驯养的牲畜，知道如何建造坚实的房屋，学会了怎样制造各种有用的器具。

像许多国家一样，史前中国也有各种各样的神话和传说。假设尧在公元前2375年称帝，我们可以说中国从此进入了半信史时代（semi-historic times）。在此之前，渭河流域的农耕者们几乎不需要一个强有力的政府，但在尧登上皇位之后，似乎就把这些农耕者们联合到一起，组建了比较正规的国家。

头两个王朝——夏朝和商朝。历时1,200余年，依然被认为处在半信史时代。我们知道这一时期发现的几件青铜器，但是那个时代的遗迹太少，还不能使我们确定那个时代的情况。

随着周朝（公元前1122-225年）的建立，中国历史有了坚实的基础。在这一时期，中国的疆域几乎包括长江至今天长城一线的整个地区。周朝将整个东亚地区打上了文明曙光的印记。这一时期诞生了三位伟大的哲学家：老子（公元前604-518年？）、孔子（公元前551-478年）、孟子（公元前372-288年），后两位都是山东人。虽然周王朝在政治上极度混乱，大部分时期都以封邦建国著称，但思想上却是一个伟大发展时期。

历时九个世纪的周朝之后是前后共五位帝王的秦王朝（公元前255-206年）[2]，统治中国不到五十年。秦始皇在位三十七年，他做了最著名的五件事，至少有三件将永世流传：

（1）建长城。建长城的目的是阻挡北面的野蛮民族南下。

（2）向南扩张。他将中国的版图向南扩展，一度把帝国的南部边界推进到了安南。

（3）焚书。试图通过烧毁书籍阻断人们对过去的记忆，除医药、农业和占卜书籍之外，他烧毁了当时所有现存书籍。

在这位伟大帝王去世后仅仅三年，秦王朝就被汉朝（公元前206-公元221年）所取代。汉朝最初六十年间动荡不安，这一时期的吕后，作为第一位女性称制把持朝政，统治了中国。汉武帝（公元前140-86年）的主要功业之一，是他将帝国疆域远扩至秦始皇所建立的边界之外。汉朝中华帝国不仅与其西方同时代的伟大罗马帝国一样庞大，而且首次与罗马帝国建立了联系，公元

---

2 译者按：正规说来，秦朝三世而亡，不知作者这里为什么说秦王朝经历了"五位帝王"。

166 年，罗马帝国一支商业使团来到了位于黄河边上的首都洛阳。而且，汉武帝对朝鲜北部的入侵，使中国确实了解到了日本的存在。然而汉代最重要和遥远的国外联系是引进了印度的佛教，这很可能是在公元 61 年或 63 年（正是我们新约部分篇章创作的年代）。除了扩张疆域及与日本、印度、罗马帝国建立外交联系，汉王朝时期还发明了木板印刷术（printing on wooden blocks）[3]，设立了文学考试（literary examination），出现了伟大的史学家司马迁和他的著作。

汉王朝衰亡以后，中国进入了一个充斥阴谋诡计、篡权夺位的混乱时期，分裂为三大部分，每一部分都由一个各自的竞争对手统治。这就是人们所说的"三国"时代（公元 221-265 年），在今天"三国"还是受中国人欢迎的故事主题。公元 265 年之后的三四百年间，中国政治和社会继续分裂状态，遭受了北方其他民族的入侵。大约在这同一时期，巨大的罗马帝国被日耳曼人和来自亚洲北部的匈奴人肢解。不过，在数世纪之久的社会动荡和变化中，佛教深刻地陶冶了中国人，同时，印度文化也影响了中国人。日本偶尔派使团带着贡品到中国，和尚法显花了十四年时间在海外旅游，寻求佛教经典。

正如欧洲在这段混乱时期诞生了查理曼帝国一样，中国这段混乱时期诞生了辉煌的唐朝（公元 618-907 年），尽管唐朝正式登场晚了约二百年。在这一时期，唐朝顶着世界文化领导者的桂冠荣耀了数世纪之久。中国唐朝的文化复兴不仅早于查理曼帝国和阿拉伯哈里发文化，而且唐朝时期的中国文化要高于早期基督教文化和伊斯兰文化。伊斯兰教在这一时期传入中国；景教广泛传播，以至于在唐朝首都长安出现的一些景教僧侣，引起了唐朝皇帝的注意和赞赏。

凡尔登条约（843 年）签订后，欧洲统一有影响力的查理曼帝国分裂了，唐朝也被"五代"（Five Dynasties）所取代。由于通过木板刻字发明的印刷术（汉代发明的）的发展，多少弥补了"五代"取代唐朝造成的不利因素，印刷术广泛影响了中国的文学生活。

宋朝（960-1280 年）的建立结束了"五代"混乱局势，她的统治时期与西方的十字军时期一致。这是伟大政治家、更成功的孔子传人朱熹（1130-1200年）的时代，也几乎是现代所谓西方社会主义者的王安石（1021-1086 年）的

---

3 中国学术界一般认为印刷术起源于唐代，与这里的说法不同，此处作者很可能是认为最初的木板刻字即是印刷术的起源。参见张秀民：《中国印刷史》，浙江古籍出版社，2006 年——译者注。

时代，他进行过令人震惊但却时运不济的财政和军事改革。这是个优雅的时代，宋代的艺术家们在某些领域取得了至今未能超越的成就。对外贸易，尤其是与日本的贸易非常繁荣；穆斯林阿拉伯人经常进出中国南部的港口，犹太侨民在开封定居，建造了一座犹太教堂。

两宋走和平道路卓有余裕，但在国防军事上却是虚弱的，以致被蒙古人推翻。野蛮的蒙古草原骑兵建立了元朝（1280-1368 年），忽必烈汗是中国第一位蒙古人皇帝。蒙元帝国是世界上最强大的帝国之一，疆域西起莫斯科和黑海，东至黄海，北起蒙古，南至喜马拉雅山和安南。马可波罗，一位威尼斯商人，在可汗宫廷担任过数年中国官员。来自欧洲的圣方济会传教士在大都（北京）受到青睐，据说孟高维诺（Monte Corvino）赢得了 30,000 名皈依者。罗马教皇对恐惧的西方警告说可汗要再次入侵欧洲，法国路易九世（Louis IX）拥有一支法蒙联军同伊斯兰教徒作战。[4]

然而，庞大的蒙元帝国很快就分崩离析了，洪武（朱元璋）——一名曾经的乞丐、和尚，创建了明朝，建都南京，后继者迁都北京。总的说来，明代是个和平时代，尤其值得注意的是，大量第一次文艺复兴时期的欧洲人跨海来到中国。这一时期的西方，经历了数百年的文艺复兴，发现了新大陆，进行了宗教改革，建立了英国北美殖民地，发生了反宗教改革和三十年战争。与明朝同世代的君王有查理五世（Charles V）、亨利八世（Henry VIII）、方济一世（Francis I）与瑞典国王亚道夫（Gustavus Adolphus）。在明代，利玛窦（Ricci）、骆人禄（Roderigues）、马国贤（Ripa）、罗雅格（Rho）、汤若望（Schall）以及其他一些传教士来到北京，为罗马天主教赢得了许多信徒。为了商业利益的葡萄牙人来到了广州和澳门，自 1557 年以来一直占据澳门，荷兰人占领了台湾，1662年被迫撤走。简言之，探索年代将中国推进了世界政治的圈子。

像君主制经常发生的情况一样，明王朝逐渐显露出衰落的征兆，为叛乱者和北方部落充分利用起来。1644 年，已经定都奉天在满洲建立了新王国的满洲人占领北京，创建了清朝（1644-1912 年）。清朝的第二和第三位皇帝康熙和乾隆，位居中国历史上最伟大统治者行列，他们统治期间的中国，是整个世界治理最好的国家之一。

清朝的扩张政策将西藏、蒙古大部、中国突厥斯坦、伊犁和准噶尔并入了

4　《教务杂志》（*The Chinese Recorder*），第 6 卷，第 104-113 页。尽管这一期刊在不同时期多次改名，本书一律使用《教务杂志》这一名称。

帝国版图。

在积极经营帝国内部的同时，清朝的皇帝们在处理与西方的关系方面也不乏活力。1689年，中国与俄罗斯签订了尼布楚条约（也称涅尔琴斯克条约）。这是中国与欧洲列强签订的第一个条约，确定了某些北部边界，规定了使用于两国的原始治外法权。三十八年之后，中俄两国于1727年签订了恰克图条约，规定：（1）俄国商队每三年到北京一次，（2）不容留对方罪犯，（3）俄国派使臣到中国，（4）在北京建立永久性东正教教堂。荷兰于1655年、1668年两次派出贸易使团到中国，但直到1762年才在广州设立了商馆。[5]虽然维德尔（John Weddell）率领海军战舰展示武力，但英国人直到1670年才获取同中国贸易的身份，而后也是通过东印度公司开展同中国的贸易。1784年，美国第一艘商船"中国皇后号"抵达广州，开始参与同中国的贸易。

在此期间，罗马天主教已经深深扎根于中国。例如，据说钦天监监正（Director of the board of Astronomy or Mathematics）汤若望曾经赢得了12,000名信徒。1650年，北京建起了第一座罗马天主教堂；至1703年，北京已建起了四座天主教堂，其中有一座是女教堂。南怀仁（Verbiest）和汤若望成了康熙的宠臣，耶稣会传教士们为康熙皇帝制作了杰出的中华帝国全图。[6]在以方济会与道明会两大修会为一方，耶稣会为另一方的关于中国祖先崇拜的争论（即所谓的"礼仪之争"）问题上，康熙站在耶稣会一边。1742年，多罗（Tournon）和嘉乐（Mezzabarba）作为罗马教皇的代表，送来信函和教皇反对中国祖先崇拜的最终裁决，结果，导致了中华帝国全境对基督教的严厉镇压。然而，一般来说，在北京的传教士们的活动并没有受到恶意干涉，尽管《东印度公司对华贸易编年史》1827年的记述说："一名葡萄牙传教士年老体衰，独自虚弱地留在北京。他是欧洲最后一名在北京的传教士，此前的一些年间他满怀宗教热情和政治抱负，一度成功地对朝廷产生了相当影响，甚至可以单独会见皇帝……俄罗斯的传教机构在北京保留了下来，但受到了严格限制，不准传教。不过，据说有些聪明人主要是为了商业利益，还与其保持联系。"[7]概而言之，从1742年到19世纪中叶，基督教传教事业实际上处在停顿状态。

---

5 "商馆是各国的东印度公司的代理商居住和经商的地方"。参见库寿龄《中华百科全书》（kouling, *Encyclopaedie Sinica*），"商馆"条，第171、172页。

6 即著名的《康熙皇舆全览图》——译者注。

7 马士：《东印度公司对华贸易编年史（1635-1834年）》（Morse, The Chronicles of the East India Company Trading to China,1635-1834）第4卷，第156页。

　　然而，就在天主教因"礼仪之争"遭到严厉镇压的阴暗年代，基督新教首次扎根中国。1807 年 9 月 8 日，英国诺森伯兰郡人马礼逊奉伦敦传道会（London Missionary Society）派遣，辗转纽约乘坐美国"三叉戟号"货船抵达中国，在广州登岸。[8]他带有一封美国国务卿麦迪逊（James Madison）写给美国驻广州领事卡林顿（Edward Carrington）的信函，该信函要求尽力为马礼逊提供方便。[9]伦敦传道会宣教本部要求他"如果可能"，"要全部或部分"自己"供养"自己。[10]到了广州之后，马礼逊与英国东印度公司取得了联系，该公司雇用他为翻译官，年薪 2,000 元（500 英镑）。[11]后来，史丹顿（George Staunton）爵士离开中国之后，他的义务和责任增多了，薪水连同"教师补贴、在一处地方的公用餐费以及其他补助"，涨至 1,000 英镑。[12]

　　在受聘为东印度公司工作期间，马礼逊编写了一部汉语语法和一部英汉汉英字典，[13]《东印度公司对华贸易编年史》描述后一部著作分为三部分：

　　第一部分，汉英字典，按汉字字根笔画排列。

　　第二部分，根据音标按英文字母顺序排列、包含 40,000 单词的汉英字典。

　　第三部分，英汉字典。

　　为了出版马礼逊的这两部著作，东印度公司派了一位出版商汤姆斯（P.P.Thoms）携带所有出版所需设备来到中国，设立了出版社。[14]

　　与此同时，马礼逊先生还不顾中国官员们的反对和罗马天主教教士们的敌意，尽最大努力做好宣教工作。1813 年，伦敦传道会派出米怜（William C.Milne）到澳门与马礼逊一起工作；但是，由于罗马天主教教士们的反对，他被迫离开澳门，先是到了广州，又因为中国官员们的敌视态度，几个月以后不得不离开中国去了马六甲。马礼逊再次成为在华唯一基督新教传教士。1813

8　汤森德：《马礼逊：中华宣教先驱》（Townsend, *Robert Morrison, the Pioneer of Chinese Missions*），第 41 页。

9　丹涅特：《美国人在东亚》（Dennett, *Americans in Eastern Asia*），第 64 页。

10　汤森德前引书，第 36 页。

11　$2,000，这里的"元"指当时中外贸易通用、中国南方民间较普遍使用的银元，下同——译者注。

12　马士：《东印度公司对华贸易编年史（1635-1834）》，第 3 卷，第 72、343 页；第 4 卷，第 145、226 页。

13　即马礼逊编著的《通用汉语之法》和《华英字典》，其中《华英字典》共三大卷，分别以《字典》、《五车韵府》、《英汉字典》为名，先后于 1815、1819-1820、1822 年刊行——译者注。

14　马士前引书第 3 卷，第 178、209、240 页。

年 11 月 8 日，马礼逊到中国六年之后有了第一位慕道者。1814 年 7 月 16 日，他为第一位信徒蔡高（Tsai A-ko）施行了洗礼。蔡高是他早期的一名汉语教师。蔡高之后，直到生命终结，他又赢得了九名皈依者，即他一生共施洗了十名信徒。1824 年，在马什曼的中国经典（Marshman's Chinese Bible）于印度赛兰布尔（Serampore）出版两年之后，马礼逊在马六甲以 12,000 英镑出版了他翻译的全部中国经典。[15]1834 年 8 月 1 日，中国宣教的基督新教先驱、五十二岁的马礼逊在广州去世，安葬在他过去曾不时居住过的澳门。

马礼逊生前高兴地看到了美部会（American Board of Commissioners for Foreign Mission）派出第一位到中国的传教士裨治文（Elijah Coleman Bridgman）牧师，美国海员之友会（the American seaman's Friend Society）派来了以前的美国荷兰归正会（the Dutch Reformed Church in America）、现在的美国归正会（Reformed Church in America）的雅裨理（David Abeel）牧师，作为特遣牧师在中国的许多美国海员中服务。[16]1830 年 2 月 19 日，裨治文和雅裨理乘坐"罗马号"轮船（S.S. "Roman"）抵达澳门附近的伶仃洋（Lintin），在那里下船登岸。裨治文一生成就斐然。1832 年，他在马礼逊建议下，创刊《中国丛报》（The Chinese Repository）月刊，1857-1859 年，担任英国皇家亚洲文会华北支会（North-China Branch of the Royal Asiatic Society）首任会长。[17]1833 年，美部会派来卫三畏（S.Weels Williams），后来担任了美国驻华公使馆秘书，1834 年，派来了伯驾（Peter Parker）医学士。伯驾医生是第一位到中国的与众不同的医学基督新教传教士；1835 年，他创建了中国第一所基督新教差会医院。虽然他后来担任了美国外交官，但却一直继续在医院的工作，直到返回美国（1855 年）。除了上面提到的这些人之外，在所谓的鸦片战争爆发前，还有八位基督新教传教士来到中国，五位美国人，三位英国人，他们都是在澳门或广

---

15 "马什曼的中国经典"应指马什曼译成英文的《论语》，又作《孔子的著作》。这里所说的马礼逊翻译的"全部中国典籍"（the entire Chinese Scriptures），就目前所见到的相关文献看，似乎欠妥。查马礼逊翻译成英文的著述，并非都称得上是"典籍"，其中包括中国少儿启蒙读物。他翻译成英文的有关中国典籍和文化的著作，也仅有《三字经》（The Three-Character Classic）、《大学》（The Great Science）、《三教源流》（Account of FOE）、《太上老君》（Account of the Sect TAO-SZU）等，数量并不多——译者注。

16 裨治文（夫人）：《裨治文传》（Bridgman, The Life and Labors of Elijiah Coleman Bridgman），第 29、35 页。

17 裨治文（夫人）前揭书，第 74 页。

州开展工作，这是中国当局唯一可以容忍传教士存在的两个地方。这一时期还应提到的是德国人郭士立（K.F.A.Gützlaff），[18]他受荷兰传道会（the Netherlands Missionary Society）派遣到爪哇巴达维亚。[19]当他的差会不允许他到中国时，便在 1831-1833 年间乘坐舢板船在中国沿海旅行，北上航行至天津，沿途传教，散发"传布纯粹福音"的小册子和书籍。

（二）1840 年以来

从中国宣教史的观点看，所谓"鸦片战争"开启的时期非常重要，因为战后的条约极大地鼓舞了传教士们在深度和广度上拓展传教工作。战后不仅采取了更多的宣教方式，而且宣教地也有了极大扩展。

我们的目的不是要追溯中英冲突的原因，也不是要讨论这场战争的军事行动，而仅仅是要厘清影响宣教史和传教工作进展的各种因素。1842 年 8 月 29 日，中英签订了《南京条约》，标志着战争结束。下列是该条约的一些主要规定：

（1）开放广州、厦门、福州、宁波、上海对外贸易。

（2）香港岛永久割让与英国。

（3）中国被迫支付 21,000,000 元赔偿金。

（4）条约第十款规定"应纳进口、出口货税、饷费，均宜秉公议定则例"。

《中英五口通商章程》（*The General Regulations for British Trade of 1843*）第十三款奠定了随后的治外法权基础。1844 年的中美《望厦条约》第十七款规定，准予美国公民在通商口岸建造设立"医院、教堂及墓地"。同年与法国签订的《黄埔条约》第二十二款，除了可在通商各口建造设立医院、教堂和墓地之外，增加了建造学校的权利。根据最惠国待遇，各列强很快就享有了所有相同的权利；也就是说，所有列强均享有不同条约中明确规定的所有各种权利。[20]

与所期望的一样，随着广州、厦门、宁波、福州、上海五口开放通商，尽管有些工作先前在广州和澳门遭遇很大障碍，此时宣教活动迅速活跃起来。

18 德国人是作者写作本书时的说法，郭士立到中国来的时候应说是普鲁士人——译者注。

19 伊姆斯：《英国人在中国》（Eames, *The English in China*），第 167-169 页。

20 马士：《中华帝国对外关系史》（Morse, *The International Relations of the Chinese Empire*），第 1 卷，第 332 页。

1842 年，美国圣公会（American Protestant Episcopal church）、受美部会委托的荷兰归正会（现在的美国归正会）的传教士们，"在'鸦片战争'结束后第一时间"即开启了在厦门的宣教工作；同年，美国北方浸礼会（American Baptists，North）在香港，1843 年伦敦传道会在上海，1844 年美国北长老会（American Presbyterians，North）在宁波，1847 年美部会和美国美以美会（American Methodist Episcopal，North）在福州，先后相继开始了各自的宣教活动。不过，这时的传教士数量还很少，据季理斐（D. MacGillivray）博士统计，1843 年时包括澳门在内的整个中国境内，仅有 19 名基督新教传教士。[21]

鸦片战争前后，我们现在的宣教部——美国北长老会海外宣教部组建于 1837 年 10 月 1 日。此前二十多年间，长老会国外差会一直同美部会合作。1812 年，长老会大会将美部会作为其海外宣教机构，1826 年，长老会与荷兰归正会（现在的美国归正会）联合成立的联合海外宣教会（United Foreign Missionary Society）与美部会合并。这种合作状态一直持续到上面提到的 1837 年北长老会海外宣教部成立。然而，1838 年的一场神学争议，引发长老会分裂为老派教会（Old School Church）和新派教会（New School Church）两大派系，结果，老派教会留在 1837 年组建的海外宣教会，而新派教会一直与美部会合作至 1870 年。[22]

美国北长老会新设立的海外宣教部委派到中国的第一批传教士是欧尔（R.W.Orr）牧师夫妇与米切尔（John A.Mitchel）牧师，他们 1837 年 12 月 9 日在纽约登船，但那时由于中国尚未开放传教，只好在新加坡停留，在那里学习汉语并在当地华人中开展工作。季理斐认为麦克布莱德（Thomas L.McBryde）牧师夫妇似乎是最先在中国本土登陆的北长老会传教士，时为 1840 年。[23]1841 年派出了合文（James C.Hepburn）医学士和他的夫人，他们先是在新加坡，而后（1843 年）到了厦门；由于健康的原因，他们不得不返回美国，但 1859 年他们夫妇又奉派去了日本。1842 年 5 月 27 日，娄理华（Walter M.Lowie）牧师抵达中国，柯理（Richard Cole）先生和麦嘉缔（D.B.McCarttee）医学士 1844 年 6 月 21 日到了中国，但柯理先生 1847 年

---

21 季理斐：《基督新教在华百年宣教史（1807-1907）》（MacGillivray, *A Century of Protestant Missions in China*,1807-1907），附录 2，第 3 页。

22 布朗:《百年史》（Brown, *One Hundred Years*）第 19-35、274 页；《公理会年鉴（1937）》（*American Board Year Book，1937*）第 5 页。

23 季理斐前揭书，附录 2，第 3 页。

撤退了。[24]

虽然鸦片战争后的一系列条约和相关规定极大地扩展了传教士的活动范围，但他们仍然有许多障碍，遭受严厉的限制。在法律上，他们无权在五个通商口岸以外的地方、澳门、香港购买财产、居住和旅行。对于中国基督徒来说，不是要忍受国际条约的束缚，而是要忍受服从皇帝谕令，一道圣旨就可能使所有条约变为废纸。

由于西方各国与中国对鸦片战后的条约均不满意，西方工商业的扩张，清政府拒绝西方各国外交代表进驻北京，以及其他一些原因，导致了第二次中外战争（1856-1860年）。这一次战争在英法联盟与中国之间进行。部分由于太平叛乱的原因，中国再一次被轻易击败。

1858年，中国政府同意签订了几项条约，其中一些主要规定如下：

（1）开放牛庄、烟台、台湾的台南和淡水、汕头、琼州（海南）、南京对外贸易。

（2）外国人得以持照在内地旅行。

（3）与中国签约各国可派公使进驻北京。

（4）基督教的在整个帝国境内传布。

在清政府迟迟不肯交换条约批准书的情况下，英法两国派出海陆军继续北上，攻占了北京。1860年，清政府与英法两国签订了《北京条约》，战争结束。《北京条约》又增加了下列一些规定：

（1）开放天津为条约口岸。

（2）九龙割让与英国，成为香港的一部分。

（3）缔约两外国有权在中国京城派驻公使（此前中国人特别不愿意给予这一权利，他们习惯于接受朝贡国带着贡品来的贡使，不习惯在平等的基础上接受外交代表）。

除上述之外，中法《北京条约》第六款还还规定了以下特权：

（1）中国皇帝发布上谕，昭示允许"天下黎民"传习天主教，"会合讲道、建堂礼拜"。

（2）"将前谋害奉天主教者之时所充之天主堂、学堂、茔坟、田土、房廊等件应赔还，交法国驻扎京师之钦差大臣，转交该处奉教之人。"

---

24 伟烈亚力：《来华新教传教士纪念集》（Wylie, *Memorials of Protestant Missionaries to the Chinese*）第134、135页。

（3）"并任法国传教士在各省租买田地，建造自便。"[25]

人们时常提及租赁或购买土地的特权是担任翻译的法国耶稣会士狄拉玛神父（Pere Delamarre）私自偷偷加上去的。不管这些新增的特权是怎么获取的，"这一规定极有利于天主教在整个帝国境内的传播……。"[26]不过，基督新教传教士们逐渐也取得了同样的特权，因为在许多地方，中国地方官允许他们租赁或购买土地。[27]但是，基督新教在 1903 年《中美通商行船续订条约》签订之前，并没有在法律上获取这一特权。该条约第十四款规定了基督新教也享有这一特权。

战后签订的这些条约，使得传教和传教士们的地位发生了革命性的变化。这些条约连同领事裁判权制度，致使传教士和他们差会的财产不受中国司法的管辖，从而在不同程度上形成了一个"国中之国"，在这种情况下，中国人或迟或早会产生憎恶传教士的情绪，当是一件很自然的事情。

1858 年签订的《天津条约》规定山东开放登州对外贸易，[28]但后来发现登州东向六十英里处的烟台更适合停泊船只，遂一致同意以烟台替代登州作为对外通商口岸（"烟台"是个港口，而"芝罘"则是港口峭壁边的一座小村庄；中国人称港口地方为"烟台"，外国人以港口峭壁边上的小村庄"芝罘"称呼港口）。1860 年 6 月，当英法两国进行同中国的战争期间，一支 7，000 人的法国军队占领了烟台，直到 1861 年冬季烟台开放之后才撤走。（施密特曾记述说，"在条约规定外国人到这里来之前，我们很清楚法国和英国的战舰是把烟台作为进一步北上的基地，北上行动在 1860 年攻取北京后结束。崆峒岛就是在这一时期开始建有墓地。数年前，在特殊的低潮期，芝罘俱乐部前面的海中可看到一些木桩。有人告诉我，说这些木桩就是那时候法国舰队的栈桥码头。"）[29]

这里必须谈一下太平叛乱问题。这一叛乱不仅波及了包括山东的中国大片地区，而且给山东送来了一位伟大的传教士——倪维思（John Livingston

---

25　中国海关：《中外约章》（Maritime Customs, *Treaties, Conventions, etc., Between China and Foreign States*），第 1 卷，第六款，第 888 页。

26　马士：《中华帝国对外关系史》，第 1 卷，616 页。

27　赖德烈：《基督教在华传教史》（Latourette, *A History of Christian Missions in China*），第 278、279 页。

28　中国海关：《中外约章》，第 1 卷，第 408 页。

29　施密特：《烟台历史掠影》（Schmidt, *Glimpses of the History of Chefoo*），第 14 页。转引自马士：《中华帝国对外关系史》，第 1 卷，第 569、612 页。

Nevius）。倪维思夫人记述说："1861 年从日本回来，如果不是'长毛反'骚乱，我们应当立刻返回杭州。由于这场骚乱，我们不得不到其他地方考察，考虑新建一个布道站……。事实上，我们应当把整个中国都看成是对我们开放的。根据条约开放的地方开放了，其他条约没开放的地方，我们要自己去开放……。我们决定北上去山东，1861 年 5 月 14 日，倪维思先生参加了一个北长老会已经放弃的教会会议，而就是在这次会议上，商量决定他做这个教会的牧师，……"[30]

太平叛乱不仅为山东送来了倪维思，也使山东叛匪蜂起，有一支太平军抵达山东，以至于山东似乎也追随这场著名的太平叛乱。更值得注意的是，追溯太平叛乱发轫的情形，似乎与基督教传教士的宣教有密切联系。

太平叛乱领导人洪秀全，客家人（a Hakka），或者说是中国东南地区有着与当地人不同语言和习俗的一个家族成员。他 1833 年出生于广东花县。尽管出身卑微，但他参加了多次科举考试，每一次都名落孙山。有一次在广州参加科举考试的时候，他得到了几本传布基督教的小册子，虽然最初没怎么在意，但后来受这些小册子的影响很大。1846 年，他与美国浸礼会（American Baptist Missionary Union——North Baptist）传教士罗孝全（Issachar Jacox Roberts）取得了联系，接受了约一个月的指导，罗孝全拒绝为他施洗，他就离开了。[31]

与此同时，洪秀全的表兄弟冯云山也受了宣传新教义基督教小册子的影响，这样就导致了"拜上帝会"的建立。拜上帝会的成员承认自己有罪、接受洗礼、敬拜上帝，或者说是敬拜神。然而，在 1849 年以前，洪秀全似乎与这个组织没有多大关系。[32]

"拜上帝会"最初纯粹是宗教性质的组织，后来逐渐地发展为一个政治和发动叛乱的组织。早在 1848 年，清政府曾试图用军事手段消灭这个组织，但没有成功。1851 年，洪秀全和他的同事们组建了一个新的王朝，称"太平天国"，或者简称"太平军"，"太平运动"就由有这个简称而来。[33]宣称洪秀

---

30 倪维思夫人：《倪维思传：中华宣教四十年》（Mrs. Nevius, *The Life of John Livingston Nevius, for Forty Years a Missionary in China*），第 207-208 页。

31 季理斐前揭书，第 332 页。

32 赖德烈前揭书，第 282-286 页。

33 在政府圈子里和老百姓口中，太平军常常被称为"长毛反"，或"强盗"。参见库寿龄：《中华百科全书》"太平叛乱"条（Couling, *The Encyclopedia Sinica, article, "Taiping Rebellion, The"*），第 539、540 页。

全为"天王"（Heavenly King），他的一位同事 Chu Chiu-tao 称"天德"（Heavenly Virtue）[34]

叛乱者们信奉皇上帝，信奉耶稣，认为耶稣是洪秀全的哥哥。他们有圣经，读圣经，制定了著名的《十款天条》。禁止祭拜祖先，禁止吸食鸦片，但喝葡萄酒，严禁松散的两性关系。

1852 年，太平军虽然没有攻下长沙，但攻取了汉阳，烧毁了汉口，随后迅速接连占领了九江、安庆和芜湖，并于 1853 年攻占了南京，在此建都。

奠都南京之后，叛乱者们挥师北上，意图攻占北京，取清王朝而代之。1853年夏季，他们围困开封（河南），但由于黄河水突然暴涨，不得不撤围。随后不是直接北上，而是迂回向东进入直隶向静海和独流镇进发，静海距天津二十英里，独流镇距天津二十五英里。他们在静海和独流镇一直待到 1854 年 2 月，才开始向南撤退。从南方派出的另一支军队进入山东，迅即占领了临清，从1852 年 4 月 12 日到 1853 年 3 月，一直牢牢控制该城。这是在山东境内见到的全部真正的太平军。[35]

虽然列强最初一直保持中立，但华尔（Frederick Townsend Ward）在 1860年无视美国当局的指示，组建了一支军队支持清政府。这支军队称"常胜军"，华尔指挥了近两年时间，于 1862 年 9 月因伤去世。华尔死后，另一位美国人白齐文（Henry Andrew Burgevine）统领"常胜军"数月时间后，由一名英国少校戈登（Charles George Gordon）接替了，这位戈登（Chinese Gordon）后来死在喀土穆（Khartoum），以阳刚信仰著称。李鸿章与戈登指挥的"常胜军"联合作战，击败了叛军。[36]

在山东，太平叛乱的直接后果，除了攻占临清以外，并不是很大。然而，在整个太平天国时期，山东遭到了中国人称之为"捻匪"的祸害，所谓"捻匪"，是太平军的支流和余波。

---

34 查太平天国没有"天德"称号，也没有"Chu Chiu-tao"这个人。与太平天国同年起义的有福建天地会支派林万青起义，自称由明朝后裔建立政权，年号"天德"。另，太平天国有个伪造的"天德王"洪大全，亦作洪大泉、洪泉，真实人物是率部加入太平天国起义的焦亮，亦作焦大，参与太平天国起义前曾自开天地会山堂，称"天德王"。作者这里很可能说的就是这位"天德王"焦亮，亦即焦大。由于焦亮被清军俘虏后编造故事，自称是洪秀全的哥哥"天德王"洪大全，结果被押赴北京处死。太平天国为了纪念他，追封为"恧王"，名洪大全——译者注。

35 马士前揭书，第 1 卷，第 446 页。

36 指攻陷常州——译者注。

以上我们简单勾勒了山东北长老会工作起始的背景，尽管有些粗糙。概括说来，山东北长老会工作起始于太平叛乱阴云密布整个中国时期。进而言之，这一工作几乎不能说是在马礼逊工作的基础上展开的，也不能说是在第一次鸦片战后条约的基础上展开的，而是以第二次鸦片战后一系列条约为基础的。正是第二次鸦片战争后签订的条约，开放了烟台，允准所有传教士内地旅行，给予天主教传教士内地租赁或购买财产的权利，这一权利，很多中国地方官也同样给予了基督新教传教士。

二、山东：背景

（一）重要史事与历史地理

在详述北长老会山东历史之前，似乎有必要概述一下山东主要史事和历史地理，以便读者较清晰把握本书后面所述内容的背景。

1."山东"名称

虽然很多著述都指明"山东"意为"太行山以东"，但通常都没有指出，历史地说来，太行山位于河北与河南之间。在古代，人们最初用山东指称今天的山西省地区。原始意义上，"山东"并非用来指称今天的省份，而是用来指称太行山函谷关以东的所有封国。在"春秋"（公元前 722-481 年）[37]"战国"（公元前 481-221 年）时期，"山东"是指太行山脉以东的所有地区。"山东"首次用来指称今天的山东省是在金朝（公元 1115-1234 年）。据《金史》（Chin Dynasty History）记载，用山东指称今天山东省的确切时间为 1127 年。

2. 历史地理

夏代舜帝（公元前 2255-2208 年）统治的区域，山东包括青州、徐州、兖州、豫州几个行政区划；殷代（公元 1783-1123 年），山东包括兖州、阳州（Yengchow）、徐州和豫州；周朝（公元前 1122-770 年）拥有殷州（Yinchow）、兖州和青州；"春秋"（公元前 722-481 年）时期有齐、鲁以及其他许多像莒、纪、诸、薛、莱、谭、曹、卫、宋等小国。鲁国逐渐衰亡，齐国占有了除东南部地区的山东全境。两汉时期（公元前 206-公元 219 年），包括青州、兖州、豫州、徐州、冀州和其他一些封国。公元 307 年以后，山东地区遭受匈奴人入侵，但在北宋（420-589 年）和南宋（420-478 年）时期，汉族人又收复了这一

---

37 这一时期的称谓源于鲁国的编年史《春秋》，该书应为孔子编纂而成。

地区。隋朝（589-617 年）山东地区有五个"州"（政区），一大部分地区属于河北（直隶），较小的一部分属于河南。金代（1115-1234 年，女真人侵入山东地区，第一次使用了山东这一名称，他们把山东划分为山东东路和山东西路。明朝建立初期，设立了山东行中书省，首府青州，后迁济南。最后，著名的清朝皇帝乾隆（1736-1796 年在位）确定了现在山东省的疆界。

3. 史前时代的山东

中央研究院（Academia Sinica）1931-1932 年在济南东二十五英里处胶济铁路线龙山站附近的城子崖进行的考古发掘，表明山东是重要中华史前文明中心。这里的发掘显示出两层文化叠层（Superimpose culture strata）。上层属于青铜器时代，即使用青铜器和有文字的时代。下层确定无疑是前金属时代，其中大部分是手工制作的陶器，很少几件是转轮制作的。"确定为一些不同形制的黑色和黄粉色陶器，制作工艺很高级。这些陶艺在上层所展示的年代，完全不见了。"[38] 这里还发掘出三百零二件石器，完全或部分剖光，说明底层属于新石器时代。但是，"这个遗址最令人感兴趣的发现是一组甲骨文骨，标示出直接与殷代相关的整体文化。这种甲骨文骨，整个沉积层都有发现。在下层，发现了一些牛或鹿的肩胛骨；在上层，则仅有牛的肩胛骨。"[39]

城子崖位于华北平原东北部中心位置，这里正是殷朝或称商朝（公元前1766-1122 年）经常建都的地方。在这里发现确定的殷朝的文字，并不令人惊讶。近来的调查证明，城子崖文化覆盖东至山东沿海的大片地区。[40] 概而言之，城子崖遗址下层的黑陶属于石器时代，早于殷代青铜器时期的文化。据我们迄今所知，遗留城子崖遗址下层遗迹的那些人，是这一地区最早的居民。

4. 传说中的山东

根据早期传说，孔子的出生地曲阜是一个重要的中心地，"大庭氏"（Ta Ting Shih）曾在这里建都。少昊（Shen Hu）曾先后两次建都曲阜；黄帝（Hwang Ti）就出在那里。

帝尧在太丘（T'ai Ch'iu）建国，太丘即今天的定陶县，而舜出生在姚圩

---

38 《中国考古报告集之一：城子崖》（*Archaeologia, Sinica Number One, CHNG-TZU-YAI*）前言，第 5 页。

39 《中国考古报告集之一：城子崖》（*Archaeologia, Sinica Number One, CHNG-TZU-YAI*）前言，第 5 页。

40 《中国考古报告集之一：城子崖》（*Archaeologia, Sinica Number One, CHNG-TZU-YAI*）前言，第 5 页。

（Yao Hsu），位于今天的蒲县（P'u Xsien）境内。

5. 周代的山东

周朝第一代皇帝武王把今天山东北部赐予一位重要官员姜尚（Chiang Shang），位于青州以北十六英里处的临淄（Lin Chih）设为都城。武王的一位亲属周公（Chou Kong）封在山东南部称为"鲁"的地方，定都于曲阜。[41]齐国比鲁国大得多。济南、青州、潍县、烟台、登州以及青岛都在齐国境内。山东这些地方以外的泰安、济宁、兖州、沂州、沂水属于鲁国的地盘。不过，齐鲁两大国之间或两大国周边地区，还有其他一些小封国。

齐国疆域比鲁国大，军事力量也比鲁国强。而且，齐国不断蚕食鲁国，并最终灭了鲁国。至战国时代，山东地区除了南部的莒（J'u）之外，都划入了齐国版图。周朝把我们带入了有史时代，我们在"历史地理"部分已做了简要介绍。[42]

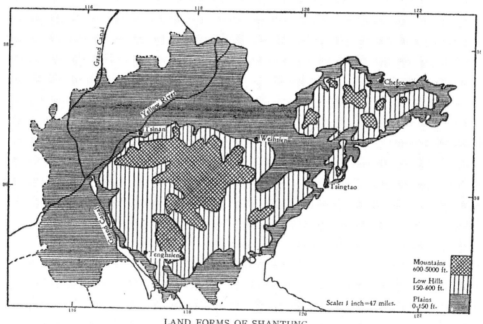

LAND FORMS OF SHANTUNG
(By Prof. J. C. Scott, Cheeloo University Geologist.)

---

41 齐鲁大学的"齐鲁"即是中文"齐"和"鲁"的音译，齐鲁指的就是这两个封国的名称。

42 感谢笔者齐鲁大学历史系的同事张立志（Chang Li-chih）教授提供了这一部分的相关资料。

（二）物理环境[43]

1. 地质史

山东地区最古老的部分是泰山山脉。泰山山脉形成之后，经历过长时期海水冲涮，一些受浸泡剥蚀的山脉岩石在华北其他地方堆积起来。华北大部分低洼地区为海水浸泡时，泰山地区高于水平面。在泰山山脉周围的海中沉积了厚厚的石灰岩层，这些沉积层中发现有远古生物化石。这是震旦纪（Sinian period）时期形成的状况。

震旦纪以后，海水漫过了华北更多地区，山东实际上除了泰山之外，完全沦为一片汪洋。这时泰山脚下就是大海，海水中沉积形成了砂岩、页岩、石灰岩（这些沉积形成的岩石中有一种很小的蝙蝠虫属残骸，中国人称之为"燕子石"大多可用来制作装饰品）。山东被黄海海湾从中国大陆分割出来，成了一座岛屿。在接下来的不同时期，海洋时进时退，时深时浅，留下了各种各样的沉积物。当海水退去以后，它留下的沼泽地里生长出大树和热带蕨类植物。这些植物死了以后，埋藏于泥土层中，经过数世纪硬化成煤炭（在博山、潍县、峄县、沂州、章丘等地）。有些地方沉积形成了砂岩、页岩，其中博山一带的沉积质地非常优良，奠定了著名的博山玻璃和陶瓷工业基础。

中生代（Mesozoic）晚期，中国山脉形成，结果在中国山东东部地区形成了一大盆地，其中有许多大型湖泊，湖泊中沉积了页岩。这些湖泊中生长的小鱼，死后骨架沉积在页岩里，今天还可以看到这些小鱼化石。[44]湖泊岸边也生长树木，落下的树叶固化成了泥土。[45]

---

43 齐鲁大学地理学家史考特（Jams Cameron Scott）教授为这一部分的写作提供了技术指导和资料，在此谨表衷心谢意。

44 地处泰安与沂州的蒙阴山谷中，发现有软体动物类、鱼纲、爬虫纲（包括恐龙残骸）等动物化石。软体动物类有瓣鳃纲动物：像佛伦琦（Johan-bohmi French）珠蚌、丹葛尔（Menkii Dunker）珠蚌；葛利普蒙阴龙骨蛏蚌（Mycetopus mengyinensis Grabau）：葛利普蒙阴豆螺（bithynia mengyinense Grabau）、葛利普 saturalis 盘螺（Valvata saturalis Grabau）；鱼纲：狼鳍鱼（lycoptera sp.）、中华弓鳍鱼（Sinamia zdanskyi Stensiö）；爬虫纲（Reptilia）：圆镜中国龟（Sinemys lens Wiman）、新泰华夏龟（Sinochelys applanata Wiman）、盖板龟（Scutemys tecta Wiman）、盘足龙（Helopus zdanskyi Wiman）、剑龙类（Stegosauria）等。参见《中国地质学会志》（*Bulletin of the Geological Society of China*）第 14 卷，第 2 期（1935 年 6 月），第 223 页；另见第 14 卷，第 4 期（1935 年 11 月），第 519-533 页。

45 在临朐县东部的山旺，"从一千多件化石标本看，鱼类是这里最多的动物。"《中国地质学会志（*Bulletin of the Geological Society of China*）第 15 卷，第 2 期（1936 年 6 月），第 197 页。

随后而来的干旱期，逐渐形成的沉积层与蒙古高原的黄土风暴将山东与中国大陆合为一体。在三门期（San Men period），出现了像北京人以及其他石器时代早期的人类。接下来是广泛侵蚀的板桥期（Panchiao stage），形成了许多新的山谷，发育出了中国最初的文化。

换一种表述，简言之，山东是由以下部分构成的：（1）位于黄河及大运河以东的山区。首先是泰山山脉，最高峰是泰山，位于山东中西部地区，海拔 4,060 英尺。其次是位于山东东部胶州湾的崂山山脉，崂顶为其最高峰，海拔 3,700 英尺。再次是昆仑（Kuenlun range）山脉，[46]最高峰位于烟台东南，平均海拔 2,900 英尺。（2）广大的平地，为黄河以西以南的河北、河南平原的延伸。（山东地区首先是山地矿产丰富，尤其是煤炭，蕴藏量大；其次是平原，盛产谷物和水果）。

2. 海岸线与港湾

山东海岸线除了广东之外，比其他各省都长，从南至最北边的登州，海岸轮廓突出，凸凹不平；部分海滩有凸起的岩石，致使过去航运灾难频发。登州至河北边界的海滩是高低起伏的沙坪。山东海岸线呈深深的锯齿状，形成山东沿海各种各样的港湾，像王家台湾（Wangchiatai wan）、崂山湾、胶州湾、威海湾、烟台湾即芝罘湾、龙口湾、太平湾以及其他一些海湾，均有可能建成像青岛、威海卫、烟台和龙口那样的港口。

在现代，海关负责中国海岸照明，根据最近的可用统计数据，山东沿海有九座灯塔、四处浮标、六处警示灯。[47]山东最早的一座灯塔设在屺姆岛（Chimatao Promontory），灯是中国人 2,500 银元从英国买的，最初由一位牧师负责，他收取每艘进入龙口港的船只通行费。[48]

3. 水上交通

（1）河流

黄河。山东重要汽船运输通道是黄河，该河山东航程约 250 英里，流经全省 108 个县中的 19 个县，在济南西南 70 英里处与大运河交汇，离省城最近的口岸洛口，在济南北 5 英里处。黄河发源于青海地区（Kokonor）南部北纬

---

46 疑为印刷错误，此处应为昆嵛山——译者注。

47 《中华年鉴》（*The China Year Book*），第 903 页。

48 《教务杂志》（*The Chinese Recorder*）第 1 卷，第 101 页。

34°10'，东经 97°，[49] 发源地海拔 14,000-15,000 英尺，最终倾注于渤海湾，全程曲曲弯弯大约 2,500 英里。

黄河夏季水位比冬季高得多（平均相差 20 英尺），低水位时，淤沙阻碍航行，除了中式舢板和其他小筏子，实际上不能通航。之所以称之为黄河，是因为河水中的大量黄土使河水呈黄色。大部分来自蒙古沙滩的黄土沉积于河道，逐渐地抬高了河床，直至河床高于流经各县地平面（山东地区河床高于流经各县地平面 1-20 英尺）。[50] 这不仅意味着需要有高高的堤防，而且告诉人们要不断地加高堤坝，以围住不断增高的河床中的河水。

黄河常常在下游改变航道，以至于它的入海口很不一致。公元 1200-1853 年，入海口位于黄海北纬 34°（江苏海州南），但 1854 年在开封（河南）下游决口，东北向冲入一条以前的旧河床，在北纬 38°地方流入直隶湾。[51]（1938 年中日战争期间中日双方军队在河南进行军事行动时，黄河再次在开封附近决口，东南向流入了以前的一条河道。）[52] 河床不断升高，堤坝经常决口，河流多次改道，引发巨大洪灾，为黄河赢得了"中国之忧患"称号。

小清河。黄河以外，山东没有其他很重要的河流，第二个比较重要的河流可能要算是小清河了。小清河发源于济南西南郊的趵突泉，据一位美国工程师推算，趵突泉涌出的泉水足以提供两座旧金山规模城市的用水。数年前，小清河进行了清淤、顺直河道工程，使人们错误地认为这条河是一条"适于航行的运河"了。[53] 小清河流入济南东北 150 英里处的直隶湾，义和拳乱时期，山东与河南的大多数传教士就是通过这条河流从内地撤退至沿海城市的。[54]

小清河水太浅了，只能通行中国式舢板和一些小汽船。韩复榘统治时期（1930-1938 年），山东省政府在济南做了一些疏浚工作，计划挖深河床，设置六道现代闸门，但这一工程并没有完成。数年前，有人建议大规模疏浚河道，设计投资 75,000,000 元，以便远洋货轮能行驶到济南，把山东省城变成海洋口岸。在中国目前贫困的经济状况下，这一计划过于野心勃勃了，不过，也许总

49　现在一般确定黄河发源地为 95°59'24" 及北纬 35°01'18"——译者注。

50　马洛里：《饥荒的国度》（Mallory, *Land of Famine*），第 45、46、158 页。

51　《中华百科全书》"黄河条"条，第 614 页；《教务杂志》，第 1 卷，第 101 页。

52　马士：《中华帝国对外关系史》，第 1 卷，第 445 页。

53　夏之时：《中华帝国坤舆详志》（L. Rechard, *Comprehensive Geography of the Chinese Empire*, etc.），第 82 页。

54　烟台领事馆档案未刊电报（Unpublished telegrams in Chefoo consulate file）。

有一天能够实现这一计划。

其他河流。除了黄河与刚提到的小清河之外，山东河流还有沂河、大汶河，这两条河均汇入大运河；[55]卫河、弥河、淄河以及徒骇河四条河流均东北向流入直隶湾。徒骇河为后面这四条河流中最重要的河流。

（2）湖泊

山东湖泊不多，而且大部分不大，水也不深，一个明显的证据是数世纪以来，一些小型湖泊干涸、消失不见了，而且再也没有出现过。[56]东平湖、蜀山湖、独山湖、南阳湖、微山湖，都与大运河有关，其中微山湖是山东最大最重要的湖泊，渔产丰富。此外，还有青水泊，在青州（益都）北，青州北面还有大梅湖（Ta Mei Hu）和锦秋湖（Chin Ch'iu Hu），实际上是一个湖，[57]位于青州西北部。

（3）运河

大运河。著名的大运河连接北京与浙江杭州，全长约 650 英里。严格说来，大运河只贯通至距北京十二英里的通州，但有一条小运河连接通州和北京，所以人们常说大运河的终点是北京。[58]

大运河是不同时期分段挖掘的。最古的一段即长江与淮河段，开凿于公元前 486 年（周代），通过开凿运河把那一地区的湖泊连接起来。长江至浙江杭州段，凿于宋代（960-1280 年），最北面黄河至通州段是元代的忽必烈汗（1260-1294 年）十三世纪末凿成的。在临清，大运河连接渭河，借用渭河河道至天津，又利用白河贯通了天津与通州。[59]临清和济宁河段都在山东境内，是大运河航行最困难的河段，而临清至黄河一段，由于泥沙淤积和水量不足，现在已完全不能通航了。[60]

---

55 似不确。沂河经江苏新沂河入黄海；大汶河汇注东平湖，出陈山口后入黄河——译者注。

56 参见本书第 21-22 页。

57 大梅湖（Ta Mei Hu）和锦秋湖（Chin Ch'iu Hu）中的"大梅湖"疑有误，大梅湖（Ta Mei Hu）应为"马踏湖"，又称锦秋湖，今在淄博桓台境内——译者注。

58 纽霍夫：《荷兰东印度公司使团晋见中国鞑靼大可汗皇帝记》（Nieuhof, *An Embassy from the east-India Compony of the United Provinces to the Grand Tartar Cham Emperor of China*），第 114 页。

59 作者这里的记述恐不确切，隋代大运河工程未记——译者注。

60 《英国皇家亚洲文会北华支会会刊》（*Journal of the North China Branch of the Royal Asiatic Society*），第 102-107 页。笔者在此感谢北京的里奇（W.Sheldon Ridge）先生提供了某些关于大运河的历史数据。

在古代中国，大运河是从南方到北京的重要通道，外国使臣和天主教传教士们常常是经由大运河而不是海路到北京；1655 年，荷兰东印度公司使团到北京往返都是经由大运河，[61]1792-1793 年马戛尔尼使团（Macartney Embassy）访问中国返回时走的大运河。[62]在古代，大运河更多地是用来运送南方和长江流域各省的贡米。十九世纪初，估计有 4,000,000 担（一担等于 133.5 磅）谷物经由大运河运至北京，装运这些谷物的船只有 4,000-5,000 只。漕运总督负责运送贡米，官阶相当于清代管辖两省或三省的总督。然而，在现代，大运河已经荒废了。第一次世界大战期间，美国希姆斯-凯里公司（Siems-Cary Company）为了恢复大运河航路，曾进行过一次初步勘测，但未见任何后续动作。[63]1934 年底，三个中央政府委员会和四个省办事处制定了改造和重修大运河的计划，总耗资 36,669,250 元，疏浚河道、设立新闸口、整修泄水道，等等。[64]到目前为止，虽然山东省政府在黄河至济宁段做了一些改造工作，但整个计划几乎没有实施。

其他运河。除了大运河以外，目前山东仅有一小段专门整治运河工程。在该省中部，有一些连接莱州湾（直隶湾）和胶州湾的早期河道，依靠这些河道，舢板船可以避开通过山东半岛的危险。但是，这些河道的整治工程从未完成。[65]

4. 陆路交通

（1）道路

辛亥革命之前，中国几乎没有现代道路，山东除港口城市及其周围地区外，没有一条现代道路。然而，在过去却有一些帝国大道，堪比同时代欧洲良好的大道。1699 年，耶稣会士作家李明（Louis Le Comte）写道："保证皇帝谕令迅速传达下去，十分重要，所以修整道路是工部的一项重要事务，……。各省巡抚不用为修整道路费心……"。[66]，帝国山东境内起于德州，经济南、泰

---

61 纽霍夫前揭书，第 87、138 页。

62 斯汤顿：《英使谒见乾隆纪实》（Staunton, *Authentic Account of an Embassy from the King of Great Britain to the Emperor of China*），第 2 卷，第 352 页。

63 芮恩施：《一位在中国的美国外交官》（Reinsch, *An American diplomat in China*），第 207、219、225 页。

64 《中华年鉴》（*The Chinese Year Book, 1935-1936*），第 993 页。

65 参见李希霍芬作品，详见法思远编《中国圣省山东》（Baron von Rechthofen in Forsyth's *Shanlung: The Sacred Province in Some of its Aspects*）第 93 页。

66 李明：《中国现势续录》（Le Comte, *Memoirs and Observasions*），第 304 页。

安、沂州进入江苏的大路，是北京与南京间最直接的通道。山东境内另一条重要大道几乎与大运河平行，从德州至兖州，而后进入江苏，抵达徐州。第三条大量使用的大道，起于济南，经潍县、莱州、黄县、登州抵达烟台。以往潍县与胶州之间的大道，也是商业贸易的重要通道。除了这几条大道之外，还有一些夏之时（L.Richard）1908 年的《中华帝国坤舆详志》一书中提到的不重要的小路，他记述说："除了政府的驿道之外，中国其他道路都是宽度不一的人行道…。在北方，平原地区的道路能通过一辆马车。"[67]

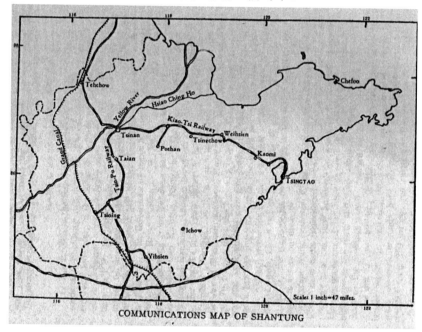

COMMUNICATIONS MAP OF SHANTUNG

　　不过，近些年来，中国特别是山东的道路已经有了巨大改观。山东现在有数百英里可以行使汽车的泥土公路，港口城市街道和郊区铺有碎石路。现在，所有山东重要城市都可以通行汽车。

　　山东公路建设时代（1935-1936 年）始于 1920-1921 年大饥荒，期间美国红十字会粮食救济灾民，以工代赈修筑公路，筑路 485 英里，建桥和涵洞 250 座。[68]大饥荒期间，中国人自己也通过以工代赈方式修筑了潍县经莱州、龙口、黄县、登州至烟台的烟潍公路，全长约 200 英里。以工代赈的主意激发了中国

67 夏之时前揭书，第 73、74 页。
68 《美国红十字会中国饥荒赈济报告：1920 年 10 月至 1921 年 9 月》（*Report of the China Famine Relief AMERICAN RED CROSS: October, 1920-September,1921*），第 168、219 页。

人的创造力，1930 年，修筑公路 1,000 英里，行使私人经营汽车 122 辆。四年以后（1934 年），由于韩复榘将军对公路大感兴趣，山东修筑省级公路 3,400 英里、县际公路 8,900 英里、城际间公路 20,650 英里，总计修筑公路 32,900 英里。[69]1934 年，在山东省公路局（the Shantung Bureau of Reconstruction）投资修筑的 3,400 英里公路上，拥有汽车 150 辆。此外，在省路以外道路运营的私人汽车 129 辆。[70]截止 1937 年底，省级公路 4,350 英里，省公路局营运汽车 400 辆，另有私人公司运营 280 辆。[71]省级公路主要有：烟潍路、青潍路、烟青路、青沂路、潍沂路、沂曲路、济德路，以及济南至济宁的公路。

（2）邮政

中国很久以前就建立了邮政制度，很可能早在公元前 3000 年。[72]直到近代，中央政府还通过"驿站"（政府邮政制度）自己负责官方邮寄。那时在中华帝国官道上，每 25 或 30 英里就设一处驿站，饲养着准备接替驿使换乘的马匹。马可波罗说在他在中国的时候，有 100,000 个驿站，饲养驿马 300,000 匹，专门用来传递信函。[73]驿站沿途也有一群群步行驿使负责传送帝国邮件。[74]1912 年，这一制度依然存在，山东省每年费用 200,000 两白银。[75]

数世纪以来，除了政府驿站制度外，还有私人"民信局"制度，帝国很多地方都有民信局，负责传送信件、汇票、银两、包裹，每个邮件封包 20-400 制

---

69 此数字似有误，应为 32,950 英里——译者。

70 《济南扶轮社俱乐部社员公告》（*Member's Bulletin of the Tsinan Rotary Club*），1934 年 9 号（2 月）。

71 未公开的省统计资料（*Unpublished provincial Statistic*）。

72 法思远前揭书，第 141 页。

73 尤尔译：《马可波罗游记》（Yule, *"The Book of Ser Marco Polo"*），第 1 卷，第 434 页。李明（Le Comte）在他的《中国现势续录》一书第 303 页记述说："他们的邮政像我们欧洲管理的一样好；专为皇帝服务，为此饲养了大量马匹。"韦廉臣（Williamson）夫人（一位住在在烟台的传教士夫人）在她的《中国古老的大道》（*Old Highways in China*）第 161-163 页写道："今天我们遇到了一位从南方来的帝国驿使，他看上去给人以重要人物的印象，黄色丝绸肩带，黄绸包裹的急件斜绑在肩上，宣示着他的威严。驿使非常迅捷，每站都有一人在那里等待，随时准备骑马接受传来的包裹，然后传递到下一站。这些驿使不允许有任何迟延。"译者按：韦廉臣夫人这里的记述与正文中引述的马可波罗的说法不一致，马可波罗说每个驿站都备有马匹，而韦廉臣夫人这里说每一站都有一个人在那里等候，似乎都不全面。或者是本书作者引述的不全，没有引述原作者全面描述中国古代驿站制度的文字。

74 尤尔前揭书，第 1 卷，第 435 页。

75 法思远前揭书，第 142 页。

钱（一个制钱等于一美分、半便士，每个费用20钱的邮件封包20美分递送费）。李明记述说，"这些民信局并不是为了方便私人信件投递而设立的，而是信局老板为了赚笔小钱才为私人投送信件的，他们常为传教士投递信件，传教士发现这与欧洲的情况一样，所需花费很少。"[76]结果，传教士们就常常用民信局传递邮件，尽管民信局效率很高，但这种制度在开发利润途径方面有着致命缺陷，忽视了那些不敷开支的投送路线。[77]早期登州的传教士们自己设法传递邮件。狄考文在日期为1864年9月2日写给他弟弟的一封信（齐鲁大学图书馆藏信函档）中写下了如下文字："9月5日——星期天上午。我必须今天给你写好信，因为我们的信使明天上午来。我们决定以后每星期往烟台送一次邮件。此前，我们每当有信函要传递或预料烟台邮轮船要靠岸时派出信使，这非常不方便，因为我们不能提前知道他什么时候来。以后就有规律了。当然，我们自己在登州和烟台之间传递信函，每个家庭每年要花费15个大洋。如此一来，加之每封信邮资45个制钱，你就会明白为什么邮费对我们来说不是一件小事情了。"

北长老会济南布道站账目显示，1883、1884、1885年的"陆路邮件"资费为三十墨西哥洋（账目总册第一册，第83、101页）；1887年为七十五墨西哥洋（账目总册第一册，第118页），而账目总册第二册第329页则显示1895年的邮件资费涨至100墨西哥洋。这种资费的增加，似乎是由于这里传教士的数量增多了。

口岸城市的外国人通常利用外国邮局为自己服务，中国最早的现代邮局是英国人1834年在香港开设的。截止1896年，已有六个国家在中国境内办了五十九个国家邮政局；这五十九个邮政局中，美国仅有一家，设在上海。[78]

早在1861年，赫德爵士就建议设立清帝国邮政局，掌控驿站的政府和雇佣成千上万信差的民信局，因为利益关系反对开设，直到1896年3月20日，皇帝发布上谕，下令开设国家邮政局。[79]

然而，与此同时，各通商口岸城市已经有海关开设的传递官方邮件的邮政局。[80]作为这种官方传递邮件方式的发展结果，烟台海关在1878年设立了烟台海关邮政局。此外，烟台公共事务委员会（the General Purposes Commitee of

76 李明前揭书，第304页。
77 马士：《中华帝国对外关系史》，第3卷，第60页。
78 马士前揭书，第3卷，第60页。
79 马士前揭书，第3卷，第65页。
80 马士前揭书，第3卷，第62页。

Chefoo）于 1893 年开办了一家邮局，并发行了自己的邮票。[81]根据中国皇帝 1896 年的诏令，烟台海关邮政局转归帝国邮政局。1899 年，济南和青岛都开设了邮政局，不过，青岛"仅传递信件"。[82]

国家邮政服务发展非常迅速，在许多方面已经具备了现代效率。1906 年，山东已经有 162 处邮政局和邮政代办处，1910 年增至 367 家，[83]1937 年底，全省共有 156 家邮政局、874 个邮政代办处、774 个邮政代办所（出售邮票和收取信件），7,549 个农村邮寄点。[84]

5. 山东的气候

山东地区冬季干燥、寒冷，夏季温暖，多雨。

温度。冬季气温低，南部山区摄氏-22°（华氏-8°）。一月份，山东所有地区平均温度在冰点与摄氏-4°之间。夏季，有时温度达摄氏 40°（华氏 104°）以上。七月份平均温度，除了青岛海岸山区，摄氏 24°（华氏 75°）以上，全省西半部地区平均摄氏 28°（华氏 82°）以上。

湿度。山东月平均相对湿度，冬季和春季几乎总是在 69%以下，常常低于 50%。中午空气湿度常常在 20%左右。位于山东中部的济南，月均湿度七月和八月在 65%以上，即使这两个月份，通常也不到 75%。青岛沿岸山区湿度超过济南，冬季 70%，夏季 90%。

降雨量。除青岛海岸沿线地区每年降雨近 600 毫米以外，山东省每年降雨量不到 500 毫米。全省西半部地区每年降雨量 400 毫米以下。每年三分之二的降雨发生在七月和八月份。

山东的气候，主要气象是冬季西北利亚高压、夏季北太平洋高压席卷华北。然而，任何预报某个月份的风向，都是一种误导，因为风向常常几乎是在东北和西南之间变化。这种偏好相反象限是由于西风掠过华北，导致长江流域巨大低气压造成的。由于低气压逼迫，就会形成两三天的西北风或南风，很少有东北风。大海位于山东东部，东北风常常带来大量降雨。气压上升即会降雨或降雪。

春季，南方夏季季风沿中国沿海首先登陆山东半岛，这一过程中形成了南风和北风。春季山东降雨是由于低气压造成的，降雨量和什么时候降雨都非常不确定。当地有谚语说春雨贵似油。

---

81 施密特前揭书，第 14 页。
82 法思远前揭书，第 145 页。
83 法思远前揭书，第 145 页。
84 未经公布的官方统计。

小股低气压穿过华北，不足以说明七月份降雨量显著上升，特别是七月后半月降雨量的显著上升。关于这一问题的一般权威观点认为，七八月份降雨增多是由于经过山东海岸的台风北上引发大气扰动造成的。夏季末，热带风暴穿越沿海登陆内地的情况很少，偶然登陆后能量也减弱了，变换为类似于华北亚热带人们熟悉的旋风，通常称之为低气压。这里应该补充说明的是，华北平原夏季的有些降雨，源于未形成的暴风雨短时间为有限地区带来的充裕的低气压。

6. 宗教背景

为了充分认识中国人和中国文明，了解早期传教士们所面临的巨大困难，至少应概要了解中国人的主要宗教观念和实践。笔者尽最大努力争取为读者展现这一概况，但要用有限的简要文字来概述杂乱无章的中国宗教观念，会是一件比较困难的事情。

（1）早期观念

在古时候，中国人的宗教是万物有灵，或许也可以说是多神教，某种程度上的有神论。[85]崇拜祖先和大量精灵包括那些河流与山川的精灵。然而，在各种崇拜仪式中，首先也是最重要的是祖先崇拜。[86]也有人认为有一种凌驾一切之上的存在或力量，称之为"上帝"或"天"，但"天"一直是更普遍的称呼。中国人的崇拜仪式，大部分都供有牺牲，演奏音乐，伴有舞蹈。[87]

（2）儒教

这些早期的观念和实践演化出了两种宗教信仰，一种是众所周知的儒教，另一种是道教。[88]儒教的创始人是孔子（约公元前551-478年）。儒教经典，如

---

85 齐鲁大学哈佛燕京学社教授孟席斯（James M. Menzies）坚持认为："我们从甲骨文知道'帝'这个名称在中国公元前1400年就使用很久了，早于耶和华在山上关于对'神'这一名称的启示。"上帝这个词，他继续说道，应"简单翻译为神（God），如果必须翻译上（above），那就翻译为上神（God Above）……。""这一在中国火烧荆棘（Chinese Burning Brush）中显示出的中国人对神的称呼，甚至要比摩西时代早，如果我们可以相信我们比较的年代，那他们就很可能是相当准确的。"参见孟席斯：《中国古代的神》（God in Ancient China），第2、4页；另可参见孟席斯先生在1934年1月济南扶轮社"社员公告"（Members Bulletin of the Tsinan Rotary）第3、4页关于"老骨头"（Old Bones）的说明。

86 倪维思：《中国和中国人》（Nevius, China and the Chinese），第130页。

87 罗斯：《中国原始宗教》（Ross, The Original Religion of China），第35、150、160、208页。

88 赖德烈前揭书，第9页。

果人们认为可以称为经典的话，有四书、五经。"每入公门，都显示一幅圣洁的样子；就像我们在《论语》第十章所见，讲话屏息凝气，'色勃如也'、'勃如战色'。[89]儒教主要关注的是社会状态，强调五种关系和五种品德。五种关系是君臣之间的关系、父子之间的关系、夫妻之间的关系、长幼之间的关系、朋友之间的关系。五种品德就是仁、义、礼、智、信。[90]孔子心目中完美的人是"君子"，君子是五种品德的化身，儒教的目的是通过改造社会的法规来塑造好人，而不是改造或转变个人来塑造好人。由于儒教有正统文人的支持，通常会得到朝廷的偏爱，在中国人的生活和思想中有着广泛的影响。[91]

（3）道教[92]

如前所述，从早期观念和实践演化出的另一种宗教信仰是道教，突出地与哲学家老子的名字联系在一起。道教的伟大经典是《道德经》。"道"，在《道德经》中反复出现，似乎有些像我们西方人的绝对真理。这个"道"是以人以及修行、隐居、静坐凝思、以德报怨、戒骄戒傲、精神清静平和为目的。经过一个时期蜕化之后，深受佛教影响，开始建道观、神殿，创设礼仪，相对说来，神职人员较少。总体来看，道教对中国人无论在道德还是宗教方面，都几乎没什么促进作用。

（4）佛教

佛教在汉代约公元 61 或 62 年传入中国并很快传播开来。虽然儒家学者从不肯与这一"外国"宗教和解，而且皇帝们有时还对佛教予以迫害，但佛教对中国人的生活、宗教观念以及中国艺术都产生了深远的影响。[93]倪维思称佛教为"中国盛传的宗教"。[94]佛教创始人释迦穆尼认为，世上所有罪孽都源于自私，克服欲望、忘记自我可以救赎人生悲苦。幸福的最高境界或者说涅槃不是搞各种仪式获得的，而是与神圣精神和谐获得的。"佛教体制的鲜明特点是

---

89 参见克伦内尔：《中国宗教历史沿革》（clennell, *The History Development of Religion in China*），第 54、55 页。

90 苏慧廉：《中国三教》（Soothill, *The Three Religions of China*），第 30 页。

91 在日本占领区和满洲，由于政治和社会控制的需要，企图复活孔教。青岛计划着手兴建一座新孔庙，耗资百万。参见 1939 年 1 月 28 日《山东每日新闻》（*The Shantung Daily News*），第 3 页。

92 现在山东道教在东部地区。参见克伦内尔前揭书，第 63-87 页；苏慧廉前揭书，第 44-84 页；《教务杂志》第 65 卷，第 239、308-318 页。

93 福西永：《佛教艺术》（Focillon, *L'art Bouddhique*），第 88 以下各页。

94 倪维思前揭书，第 83 页。

信仰一位慈悲下层民众的观世音女菩萨救苦救难，普度众生，信仰灵魂转世、因缘果报。"[95]因此，佛教仪规"包括向众佛和菩萨祷告、诵经，行善苦修，以超度地狱亡灵和已故亲友"。[96]很多人发现，佛教中真正的"慰藉"就是禅定无忧，因为佛教教人"忘我，脱离一切物欲烦扰；使人心灵净化，品德提升，宽厚温和，神清气爽"。[97]

虽然中国佛教有十多个宗派，但山东主要是"大乘"教派。[98]最近统计资料显示，中国有佛教寺庙 267,000 座，中国本部有和尚与尼姑 738,000 人；45 座僧清修院，3 座尼姑清修院。

民国初期，袁世凯和许多国会议员赞成立孔教为国教，对其他宗教予以严重限制，遭到佛佛教徒和基督徒的激烈反对，最终没有成功。

中国佛教界内部兴起一次佛教复兴运动，其中平信徒扮演了重要角色。强调"善缘"（good seeds），结果，在像济南这样的许多地方，冬天向穷苦人发放衣服，开办了许多粥场。同样的情况也发生在青岛，市长沈鸿烈最近拨了一大笔钱在青岛市郊兴建了一座佛教寺院，为僧人投入复兴运动之用。[99]

（5）伊斯兰教

伊斯兰教是第二个在中国立住脚跟的外来宗教。这一宗教似乎是到广州贸易的阿拉伯人带来的,他们在那里传布伊斯兰教教义,据传早在公元 682 年,[100]穆罕默德信徒崇拜安拉为唯一真神，伊斯兰教的伟大和无与伦比的先知是穆罕默德，指派给比耶稣更高的位置。穆罕默德信徒"施行割礼，名义上七天有一个休息日；禁食猪肉；明确反对偶像崇拜；像犹太教徒一样，同信仰的人聚居，与其他人群分离"。[101]由于伦理观念大多源于基督教《旧约》，[102]伊斯兰教徒的道德水平很可能要高于普通中国人，尽管近来一位作家认为，"一个

---

95 倪维思前揭书，第 85 页。
96 倪维思前揭书，第 85 页。
97 克伦内尔前揭书，第 110 页。
98 艾香德：《中国佛教教理与源流：中国大乘佛教研究》（Reichelt, *Truth and Tradition in Chinese Buddhism: A Study of Chinese Mahayana Buddhism*），第 306、307、308 页。
99 《中华年鉴》（1836-1937 年）（*The Chinese Year Book，1936-1937*），第 1445 页。
100 斯泰格、贝尔、贝尼特兹：《东方史》（Steiger, Beyer, and Benitez, *A History of the Orient*），第 66 页。
101 倪维思夫人前揭书，第 81 页。
102 海恩波：《中国伊斯兰教：一个被忽视的问题》（Broomhall, *Islam in China: A Neglected Problem*），第 246-250 页。

有争议的问题是穆斯林在多大程度上遵守伊斯兰教教义，而不是不吃猪肉。"[103]据《中国年鉴（1936-1937年）》（第1501页）上的统计，中国现在有穆斯林48,104,240人，42,371清真寺，其中有2,890,430穆斯林和2,513座清真寺在山东。根据这些引述的数据，山东总人口中有6%是穆斯林，但一位受过教育的中国人——伊斯兰皈依者近来表示说，山东总人口中大约2%是穆斯林，这一说法似乎比6%的统计更准确一些。

除了以上提到的宗教，还有一些各种各样的小宗教教派，对宗教生活、思想和实践都没什么大的影响。此外，还不时产生一些新宗教运动，像近些年来的道院，主要对官员阶层有影响，这是一个基督教、伊斯兰教、孔教、佛教、道教的混合组织。[104]

山东传教士先驱们开始工作的时候，他们最大的宗教障碍可能就是祖先崇拜。关于祖先崇拜，倪维思写道："祖先崇拜深深扎跟在人们的脑子里，是把基督教引入中国的主要障碍。祖先崇拜是遵行孝道责任不可或缺的一部分，他们极其程式化和夸张地履行祖先崇拜义务。"[105]与祖先崇拜紧密相关的是孝道。在中国，确保子女尤其是儿子祭拜祖先的强烈欲望，常常扰乱西方孝亲与虔诚的观念。[106]而且，中国的官员和知识阶层，拼死反对任何有可能削弱或修正世代相传的社会政治结构的新事物。[107]最后，在一些节日，常常举行许多仪式，所有人都要参加，组成浩浩荡荡崇拜仪式的队伍，很自然，每当这种时候，早期来华的基督教传教士禁止他的皈依者参加，以免打上"异教徒"的标签，这就是一件很不寻常的事情了。[108]

---

103 《中华年鉴》（1938年），第427页。

104 《教务杂志》，第54卷，第427页。在中国，宗教混合既不是一件不寻常的事，似乎也不是矛盾的事情。康熙皇帝作为天子，就在太庙各种国家宗教中主持各种宗教仪式。不过，他几乎每天早晨都在紫禁城北部的大庙里参加佛教礼拜仪式。此外，他还似乎一度要皈依罗马天主教（参见克伦内尔前揭书，第17页）。

105 倪维思前揭书，第130、131页。

106 "孟子认为，一个要死去的男人，如果没有儿子为家庭供奉香火，是首要罪孽。"（参见苏慧廉前揭书，第31页。）

107 1881年，一位驻济南的记者报道说，济南南郊的一些学者向山东巡抚递交了一份反对传教士的吁请书，对此，那位巡抚答复说，"我比你们还不想见到他们，可你们要明白，条约授予了他们传教的权利"《北华捷报（1881年12月27日）》（*North China HeraLd*），第682页。

108 陶孟、梁宇皋《中国城镇和乡村生活》（Leong and Tao, *Village and Town Life in China*），第22-41页。

第二章 传教先驱与当代先行者

一、先驱

（一）罗马天主教先驱

要对山东北长老会宣教史的背景有足够了解，就不能不恰当地简要追溯一下罗马天主教在基督新教先驱们之前试图并实际在山东所取得的成就。罗马天主教过去曾一直在中国工作数世纪之久。沙尔丁（Chardin）认为基督教唐代（618-907）时曾在整个帝国传播，山东的宣教事业很繁荣。[1]同是这位作者，还明确肯定1326年和德里（Odoric de Pardonne）在山东西北的一座县城临清传教。[2]元朝（1260-1368年）灭亡之后，中国严厉迫害基督教，但1603年一位犹太教徒的证言表明，方济各会这一时期仍在山东秘密传教。[3]明朝（1368-1644年）末期，耶稣会士在北京的满洲人宫廷里取得了优势地位，基督教再次传播开来。于是，1636年龙华民（P. Nicolas Longobardi）到了济南，1650年利安当（P. Antonio Caballero）也来到济南，利安当并在1651年8月2日为

---

1 夏尔丹：《在华方济各会：历史与地理分布》（Chardin, *Les missions franciscaines en Chine, notes Géographiques et historiques*）第33页。

2 夏尔丹：《在华方济各会：历史与地理分布》（Chardin, *Les missions franciscaines en Chine, notes Géographiques et historiques*）第34页。

3 夏尔丹：《在华方济各会：历史与地理分布》（Chardin, *Les missions franciscaines en Chine, notes Géographiques et historiques*）第34页。

"圣母院"（Notre Dame des Anges）教堂举行了落成典礼。[4]然而，十七世康熙统治末期，罗马天主教各教派之间爆发了所谓的"礼仪之争"，结果，第一任北京主教康和之（Bernadin della Chiesa）二十年间不得不选择主要在临清执行主教职责。[5]以临清为中心，他和他的同工在东昌、堂邑、茌平、莘县、恩县、武城、嘉祥、德州、平阴、东武（Tungwu）、[6]阳谷（Yangkou）展开工作。[7]西班牙方济会士在济南工作开展顺利，传教事业欣欣向荣，他们在那里有一座男修会和一座女修会，有两人常驻传道。1698 年，纳瓦罗"特派员"（"Comisario" Navarro）报告说济南有 6,638 名受洗信徒。申永福（Giessen）主教记述说，到康熙朝末年，"基督教社区遍布山东各地。"[8]尽管再次开始迫害基督教，然而十八世纪末，西班牙方济会似乎在济南、莘城（Sincheng）、高原（Kaoyuan）、寿光、青州、泰安、济宁等地举行了集会；此外，临清的意大利方济会士主持了其他中心地的集会。[9]1765 年，山东有 2,471 名受洗基督徒，到 1850 年，增加到 5,736 名。[10]1862 年，烟台似乎已经有了罗马天主教的活动，那时是应英国领事的要求，派出了一位教士"去照料 1860 年战争之后在那里驻扎的欧洲人"。[11]

（二）基督新教先驱

简单介绍一下基督新教正规差会派遣传教士在永久性基地工作之前，一些新教徒试图"撒播良种"的情况，也很有必要。据我们所知，这些来过或来到山东的新教先驱有郭士立、麦都思（Medhurst）、史蒂文斯（Stevens）、花雅各（J. L. Holmes）。

---

4 夏尔丹：《在华方济各会：历史与地理分布》（Chardin, *Les missions franciscaines en Chine, notes Géographiques et historiques*），第 38 页；另见马斯：《方济各会十七世纪文件·中国书信集》（Maas, *Cartas de China. Documentos inéditos sobre misiones franciscanas del sigla XVII*）第 10 页。
5 《英国皇家亚洲文会北华支会会刊》，第 16 卷，第 87、88 页。
6 东武为诸城，此处疑为东平（Tungping）之误——译者注。
7 麦斯：《中国通信（之二）·十七、十八世纪传教士未刊文献》（Maas, *Cartas de China<Secund Serie>. Documentos inéditos sobre misiones de los sig los XVII y XVIII*）第 194 页。
8 法思远前揭书，第 163 页。
9 夏尔丹前揭书，第 48 页。
10 法思远前揭书，第 163、163 页。
11 法思远前揭书，第 165 页。

郭士立

郭士立（Karl Friedrich August Gützlaff），一位德国裁缝师的儿子，1803 年 7 月 8 日生于普鲁士波美尼亚（Prussia Pomerania）比列兹镇（Pyritz）。在鹿特丹（Rotterdam）按立为牧师，作为荷兰传道会的传教士为荷兰东印度公司工作，于 1827 年抵达工作地。但两年之后（1829 年），他脱离荷兰传道会，暂时负责伦敦传道会在马六甲（Malacca）的工作。他一直对中国有着浓厚兴趣，在汉语学习有了显著进步之后，即开始沿中国海岸线做长途旅行。1831 年（6 月 18 日至 12 月 13 日）乘舢板沿中国海岸线抵达天津、满洲。作为外国人，他穿着中国当地人的服装，给自己起了一个中国姓氏的名字，沿途行医，借机散发了大量基督教书籍。[12]很可能就是在这次旅行中，他登陆胶州，发现市场上以合理价格出售各种欧洲和印度商品。[13]

1832 年（2 月 25 日至 9 月 5 日），他登上了东印度公司特许的"阿美士德勋爵号"（Lord Amherst）轮船（350 吨），充当该船翻译和医生。虽然东印度公司这次航行没有达到打开新的贸易渠道的目的，但郭士立散发了许多书籍。[14]这次航行，他们并没有到胶州，负责"阿美士德勋爵号"轮船的胡夏米（H.H.Lindsay）描述说是"因为这个山东最重要的大市场，有很多舢板挤满了港口"。[15]7 月 14 日，他们在威海卫湾刘公岛登录，在刘公岛上，他们在山岭中漫游，发现岛上的渔民"似乎每张脸上都是不友好的表情"。第二天（7 月 15 日），"阿美士德勋爵号"抵达威海卫，他们发现"这里的官员非常不友好"。[16]不过，郭士立却高兴地发现威海卫当地居民比刘公岛上的渔民愿意接受他的基督教书籍。16 日，他们一伙人又登岸威海卫，"但我们发现这里的人们反倒向我们出售我们需要的补给品，每个人都强要我们购买。"当他们见到当地官员们时，那些官员就抱怨说他们"带了一支鸟枪上岸，而且还放了几枪"；不过，郭士立记述当时的情况说，"我们作了解释，说携带武器是我们到一个陌生国家的习惯，放了几枪是我们娱乐娱乐。但是，在我们说了我们的要求之后，

12 伟烈亚力前揭书，第 54、55 页。

13 法思远前揭书，第 178 页。

14 伟烈亚力前揭书，第 55 页。

15 胡夏米:《阿美士德勋爵号北上各港口航行报告》（Lindsay, *Report of Proceedings on a Voyage to the Northern Ports in the Ship Lord Amherst*），第 291 页。

16 胡夏米:《阿美士德勋爵号北上各港口航行报告》（Lindsay, *Report of Proceedings on a Voyage to the Northern Ports in the Ship Lord Amherst*），第 291 页。

便毫无收获地不得不离开了威海卫。"[17]正如郭士立所指出的，山东和山东人的贫穷给他留下了深刻印象，"山东人似乎非常贫穷，而且，整个山东地区都非常贫穷。"[18]离开威海卫，他们去了朝鲜。

1832年10月12日至1833年4月29日，郭士立乘坐"希尔芙号"（Sylph）鸦片船北上，[19]最远到了满洲。[20]在这一次北上旅行中，他似乎没有停靠任何山东港口，但是，很可能在后来某个时候到了山东。烟台附近的牟平有个传说，人们说1851年有个姓郭的传教士乘一艘渔船从香港来到山东，但没让他停留。由于郭士立就姓"郭"，他是在1851年8月19日去世的，这个到山东牟平的不知名传教士的"好消息"，说的或许就是著名的郭士立。

麦都思和史蒂芬

继郭士立登陆山东的基督新教传教先驱是麦都思（Walter Henry Medhurst）和史蒂芬（Edwin Stevens），一位是英国人，另一位是美国人。[21]麦都思1796年4月29日出生在伦敦，1817年6月12日作为伦敦传道会牧师抵达马六甲。马礼逊博士1834年去世后，他于1835年7月21日与史蒂芬先生一起从广州出发，乘船沿中国海岸北上。[22]

史蒂芬1802年出生于康涅狄格州新迦南市（New Canaan，Connecticut），美国海员之友会（the American Seaman Friend Society）委派他为广州特遣牧师，他于1832年10月26日抵达那里。1836年，根据他离开美国之前的一项安排，史蒂芬参与了美部会海外宣教委员会（the American Board of Commissioners for Foreign Missions）的工作。[23]

受郭士立中国沿海北上旅行的鼓励和已故马礼逊博士广泛散发基督教文学作品呼吁的影响，麦都思和史蒂芬与阿利发洋行（olyphant and company）达成了一项协议，使用该洋行的"休伦号"（Huron）双桅横帆船（211吨）三个

17 郭士立：《1831、1832、1833年三次中国沿海航行记》（Gutzlaff, *Journal of Three Voyages along the Coast of China in 1831, 1832 and 1833*），第291页。

18 郭士立：《1831、1832、1833年三次中国沿海航行记》（Gutzlaff, *Journal of Three Voyages along the Coast of China in 1831, 1832 and 1833*），第311页。

19 马士：《东印度公司对华贸易编年史（1635-1834）》，第4卷，第334页。

20 马士：《东印度公司对华贸易编年史（1635-1834）》，第4卷，第332、334页。

21 伟烈亚力前揭书，第25-26、84-85页。

22 伟烈亚力前揭书，第26页。

23 裨治文（夫人）：《裨治文传》（Bridgman, *The Life and Labors of Elijah Coleman Bridgman*），第100页。

月。[24]"休伦号"由温莎（Thomas Winsor）担任船长，十二名水手，装备两门固定火炮和数门旋转火炮。[25]

　　1835 年 8 月 26 日，他们从广州出发，"寻找散发书籍和布道之地。"[26]他们在船上装有"大约 20,000 册各种书籍，一些易于理解的经文小册子，麦都思的《福音调和》（Harmony of the Gospels）、《神理总论》（Theology）、《神天十条圣诫注解》（Commentary on the Ten Commandments）、《耶稣赎罪之论》（the Life of Christ），以及其他各种出版物。[27]9 月 11 日上午 1 点，他们停靠山东东北部的威海卫湾，登上了刘公岛。虽然当他们一出现，很多当地人就跑掉了，但当有人听麦都思说汉语后，立即好奇起来，挤满了这两个外国人散发书籍和小册子的房子，听讲的这些人表现得"很文明"。[28]两天以后，他们访问了威海卫陆上的几个村庄，"散发书籍没有收到任何暴力阻拦。"[29]其中有一个村庄，"人们等不及正规发放，就自己动手帮忙散发。"[30]两天时间里，他们"共散发了 1,000 册书，每册 100 页"，在山东，他们原本"没期待热情接收书籍"。[31]15日，他们在奇山所湾（Keshan So Bay）即烟台湾登录。在这里，他们没有受到像威海卫那样的欢迎，因为"尽管这里的人们很高兴接受我们散发的书籍，但他们却强烈反对我们进入他们的村庄"。然而，在烟台湾的舢板上，他们发现人们渴望得到散发的书籍，"从不嫌多"。[32]像他们的前辈郭士立一样，他们也免费进行医疗服务。烟台有一位拾破烂的想要一些药品，当问他是什么病的时候，他"坦白地说他现在没有什么病，但可能不久就生个什么病，他想要些药品预备着"。[33]他们下一个散发书籍的地方是靖海卫（Tsinghaiwei），位于海岬南部岸边，[34]那里聚集了很多人，"有些人很高兴接收了书籍，但有些人却拒绝接收，不过，接收的人在增多。"[35]在靖海卫周边呆了几天，访问了沿岸一些

24 《中国丛报》（The Chinese Repository），第 4 卷，第 308 页。

25 《中国丛报》（The Chinese Repository），第 4 卷，第 308 页。

26 伟烈亚力前揭书，第 26 页。

27 《中国丛报》，第 4 卷，308 页。

28 《中国丛报》，第 4 卷，308 页。

29 《中国丛报》，第 4 卷，第 312 页。

30 《中国丛报》，第 4 卷，第 325、326 页。

31 《中国丛报》，第 4 卷，第 314 页。

32 《中国丛报》，第 4 卷，第 315 页。

33 《中国丛报》，第 4 卷，第 316 页。

34 今天威海市荣成最南端——译者注。

35 《中国丛报》，第 4 卷，第 328 页。

村庄。这些村庄的人不愿和他们打任何交道，常常拒绝他们的书籍。"有一两个村庄，他们什么也不要。"[36]

10月1日，他们启程返航，31日抵达广州附近伶仃（lintin），度过了这次行程中最多的没有航行的日子——"大约三个星期"。在山东，散发了"近4,000册书，包括大量《神天圣书》（Holy Scriptures）"。[37]

这次北上山东之行，他们特别关注山东人的特性。麦都思和史蒂芬他们所到之处的村民们，总体来说，"不好客"而且"多疑、矜持"，但却既没有敌意也并非不可信任。[38]像在他们之前去过山东的郭士立一样，人们的贫穷给他们以深刻印象。尤其是他们所见到的妇女，正如以下记述所言，引起了他们的同情："但是，脑海中挥之不去的所有女性痛苦、邋遢、蜡黄的面容，令人不安，使我们陷入了深深的同情，她们太无助了。改善现状的前景渺茫，或者说大量当地人除了受到基督教自由快乐的影响，毫无希望改变目前的现状。"诚如他们所描述的那样，总体上说，山东人"在对待外国人的举止方面，远不如南方人和调皮捣蛋的乡下人热诚机敏。"尽管他们认为山东最贫穷的乞丐讲的汉语，与"南方的学者"相比"发音要好听得多"，但他们对山东人总体上教育显著缺乏感到沮丧。史蒂芬先生写道："山东读书人数量显得比我预期的要少的多；不仅与我们交谈的妇女中没有一个认识字，而且农村中穷苦人也很少有人能读懂一页书。不过，在城市和富庶地区，读书人的比例要高一些。"[39]

1832年，《中国丛报》创刊，开始做有益的宣传，1835年11月发表了史蒂芬先生写的他们的旅行报告，很可能就是由于这一报告信息的传播，引起了花雅各的注意，引导他到山东，也引发了各海外宣教部成规模地在"中国圣省"开展工作。[40]

花雅各

第四位基督新教宣教先驱是花雅各（James Landrum Holmes）牧师，他也可以位列当代宣教史行列。花雅各先生1836年5月16日出生于西佛吉尼亚

---

36 《中国丛报》，第4卷，第324页。
37 《中国丛报》，第4卷，第325页。
38 《中国丛报》，第4卷，第325、326页。
39 《中国丛报》，第4卷，第326页。
40 关于这次旅行报告的更多详细记述，见麦都思：《中国：现状与福音传播前景》
   （*China: Its State and Prospect with Special Reference to the Spread of the Gospel*, by
   W. H. Medhurst）

州普雷斯顿县（Preston County，West Virginia）。[41]1858 年 7 月被按立为牧师，美国南浸信会海外宣教部委派他为赴海外传教士。1858 年 8 月 21 日，花雅各牧师和花雅各夫人乘"猎鹰号"（Falcon）前往上海，1859 年 2 月到达目的地。

同年 5 月，花雅各先生和花雅各夫人乘"奥列斯特号"（Orestes）不莱梅三桅帆船（Bremen bark）前往登州。花雅各适时在烟台登陆，那里"崎岖的山岭"、"清新的空气"以及"高大而又充满活力"的中国人，给他留下了深刻印象。

把花雅各夫人留在船上，他上岸去取前一天商定租借的马。到了他预定的地方，发现这里管事的禁止他租用马匹。花雅各拜访了地方官员，就是这位官员下令严禁把马租借给外国人，结果，这位官员打官腔对他说：本人不能为来访者提供马匹，如果花雅各能够弄到马，那就可以随便乘坐。于是，花雅各这位心眼灵活的传教士就派他的汉语教师到邻近村庄去买了两匹山东小型马匹。

他们立即启程去登州，第二天到了那里。登州人一见到花雅各，就对这个"怪物"感到非常惊讶。"登州城门"，他写道，"当我们来时挤满了看光景的人；我们走进城门以后，后面跟着长长一队人。我们的向导领我们到了一家客栈，在夏天太阳地里走了很远的路，很想休息一下，但令我们难堪的是，一直跟在我们后面那些人也来到了客栈，拥挤在门口，想着法子要往里面看个究竟。"

作为城市，花雅各对登州印象很深，他发现这里街道宽敞，并且比他预期的整洁得多，石头垒砌的房屋看上去好像是"很舒适的样子"，他想，"当地人充满活力的身板、红彤彤的面容，表明这里的气候有宜健康。"在登州呆了两天，花雅各和他的汉语教师回到了烟台，花雅各在这里度过了近四个月的时间，同时准备再次到登州旅行，政治形势，或者是如他所指出的"天津英国使馆官员的灾难性问题"，迫使他返回了上海。就是在这种情况下，他征求美国南浸信会海外宣教总部和他的朋友们意见，询问一旦道路畅通，能否支持他在山东设立布道站。[42]

1860 年夏天，花雅各再次北上，不过他这一次似乎一直待在烟台。这段时间里，他白天在街上穿梭，想弄一套房子安个家。晚上，因为没有人敢冒险

---

41 法思远前揭书，第 171 页。

42 感谢美国南浸信会海外宣教总部提供了这一部分写作的资料，其中主要是写于 1859 年 11 月 2 日的一封长信，该信是花雅各先生写给"亲爱的泰勒和波因德克斯特（Taylor and Poindexter）弟兄"的。

留宿外国人，他就"在海港各种小船里过夜，这条船要离开就搬到另一条船上，船长很友善，给了他这一特权"。花雅各似乎就这样在烟台住了两个月，随后返回了上海。1860 年 12 月 31 日，与海雅西（Jesse B. Hartwell）牧师及海雅西夫人和一个婴儿一起，花雅各一家第三次到烟台。[43]这一次，他不再是先驱，而是有了一位同工。

二、当代先行者：各基督新教海外宣教部早期布道站

为了避免给人以美国北长老会是这一时期最早或唯一派遣传教士到山东来开辟工作的印象，我们要简要追溯一下 19 世纪六十年代早期其他新教海外宣教总部的开拓性工作。在 1860 年战争结束后，似乎出现为了开拓传教事业急匆匆派传教士到山东来的现象。

1. 美国南浸信会（American Southern Baptists）

前面我们已经较详细地叙述了花雅各及其早期两次到山东旅行的情况。现在把他作为一位当代传教士，再说一下。1860 年 12 月 1 日，花雅各先生和花雅各夫人及他们的儿子杰西（Jesse），与海雅西先生夫妇和他们的婴儿一起到了烟台。由于海上风浪很大，他们不得不乘小船在现在法国领事馆附近的东海滩登岸。那时，烟台还没有国家在这里设立的外国领事馆，只有一些在这里过冬的法国士兵，以及两名"犹太人史密斯和海厄姆（Smith and Hyam）"。[44]换句话说，即是在 1861 年新年，山东有四名新教传教士和他们的两个孩子，这四名传教士都是美国南浸信会海外宣教总部派来的。几个星期后，海雅西夫妇去了登州，花雅各一家在烟台西南部的珠玑（Chu Chi）定居下来。[45]

2. 美国（北）长老会（American Presbuterians）

海雅西 1861 年 3 月 1 日到达登州，[46]他在一封信中写道："到登州约两个月后，我们孤独的心得到了缓解，美国北长老会的盖利（Gayley）牧师夫妇和

---

43 感谢海雅西牧师的女儿安娜（Anna B. Hartwell）小姐提供了这一段的写作资料。

44 高第丕夫人：《登州最初十三年宣教史》（*History of Missions in Tungchow for the Firt Thirteen Years*, by Mrs. M. F. Crawford）；1874 年 7 月 14 日在登州文学协会（Tunchow Literary Association）的讲座。这次讲座的手稿存于登州文学协会未刊档案第 153-181 页；参见该未刊档案第 153、154 页高第丕夫人引述海雅西牧师的一封通信（值得注意的是，早期登州所有传教士的通信，海雅西都标注了投递至烟台和登州的准确日期）。

45 伟烈亚力前揭书，第 251 页。

46 《北华捷报》（1861 年 10 月 26 日），第 170 页。

丹福思（Danforth）牧师夫妇来了，"在 1861 年 5 月 1 日写于登州的未刊信函中，盖利指出他们一家与丹福思夫妇是 1861 年 4 月 27 日抵达登州的。[47]倪维思夫妇比盖利夫妇和丹福思夫妇晚些时候到了登州。[48]

3. 美国圣公会（the American Episcopalian）

与这些早期北长老会传教士同时的是美国圣公会传教士，"1861 年 4 月，帕克（T. M. Parker）牧师夫妇与史密斯（D. D. Smith）牧师夫妇开启了美国圣公会在烟台的工作。"[49]然而，帕克同年（1861）10 月被"捻匪"所杀，史密斯夫人 1862 年 7 月 14 日霍乱病去世。帕克夫人在丈夫遇害后随即返回了美国，史密斯先生在妻子死后不久也回到了美国，美国圣公会没继续在山东的工作。[50]

4. 英国浸礼会

追溯基督新教在山东初始阶段的情况，不能不提到英国浸礼会（the English Baptist Missionary Society）。英国浸礼会在中国的第一位传教士是霍尔（Charles James Hall）牧师，他在农村待了一段时间后，找了一个机会"访问烟台，并于 1861 年 5 月 1 日抵达烟台"；但是，他似乎在同一年的夏天，又和妻子离开烟台回到了农村。[51]1862 年夏天，古路吉（Hendric Z. Kloekers）牧师和妻子到烟台与霍尔一起工作，霍尔 1862 年 7 月 22 日因霍乱病去世，年仅 29 岁。[52]

5. 法国新教传教士

1861 年在山东开展工作的第五个新教差会是法国巴黎新教传道会（the French Protestant Missionary Society of Paris）。这个组织派出博纳尔（Bonheure）牧师和夫人、汝敖（Oscar Rau）牧师到中国，伟烈亚力的传记推断汝敖是"1861 年下半年建立的这个差会"的一个领导人；但又指出盖利在他 1861 年 5 月 1

---

47 《1850-1864 年宣教地来信》（未刊），第 200 号文献。

48 倪维思夫人前揭书，第 208 页。一份登州布道站账簿记录表表明他们是 1861 年 5 月日到达登州的。

49 法思远前揭书，第 172 页。笔者没有向早期一些著述的作者咨询美国圣公会在烟台的工作是否确定始于 4 月，但始于 1861 年则是确定无疑的。事实上，他们的布道站设在烟台西南三英里处的珠玑。

50 阿姆斯特朗：《（中国）山东》（Armstrong, *Shsntung,* *(China)*），第 91、92 页。

51 伦敦英国浸礼会文件（*The Lundon files of the English Baptist Mission Society*）

52 梅耶斯：《浸礼会百年（1792-1892）》（Myers, *The Centenary Volume of the Baptist Missionary Society, 1792-1892*），第 114、115 页；另可见霍尔在烟台的墓碑。

日的信中说，在他们从上海赴烟台途中以及在烟台期间，就是"法国教会"的"博纳尔"牧师夫妇的客人。[53]换句话说，就是法国新教差会这时已经开展工作了。汝敖在烟台停留时间不长，而后就去了天津，很可能是为那里战后还留在中国的法国军队的宗教需要服务；不过，他于 1861 年底又回到了烟台，1862 年由于健康原因离开了中国。可能找到的这一新教差会的唯一线索，是博纳尔牧师的妻子玛利亚·伊丽莎白·尤金妮·博纳尔-博西尔（Marie Elizabeth Eugenie Bonheure-Bossier）的墓碑，她刚满二十二岁时患霍乱病，患病不到十天，于 1862 年 7 月 21 日凌晨去世。烟台山（Settlement Hill）一小块法国墓地里的简陋石碑上，描绘她"在此等候主到来"（Repose en attendant la venue du Seigneur）。[54]她的丈夫在她去世两个月后离开了了中国，法国基督新教此后没有再在烟台开展工作。

6. 苏格兰联合长老会（the United Presbyterian Church of Scotland）

山东长老会早期最年轻的一个布道站是苏格兰联合长老会设立的。他们的最早代表是韦廉臣（Alexander Williamson）牧师和韦廉臣夫人，夫妇二人早于 1855 年即来到了中国，1864 年在烟台郊区的叫作通伸（Tung Hsin）的小村庄建了一座教堂。[55]韦廉臣先生既是苏格兰联合长老会的传教士，同时又是苏格兰圣经会（the National Bible Society of Scotland）的代表。为苏格兰圣经会售书，他广泛在各地旅行，1870 年出版了两卷本的《华北旅行记》（*Journeys in North China*），格拉斯哥大学（the University of Glasgow）为此授予了他法学博士学位。[56]韦廉臣夫人也是一位非常活跃的传教士，1884 年出版了一本很有意思的书：《古老的中国大道》（*Old Highways in China*）。

如此说来，截止 1864 年底，共有四个国家的六个差会总部开始了在山东

---

53 伟烈亚力前揭书，第 259 页。

54 阿姆斯特朗前揭书，第 137 页，墓碑上的"Bonheure-Bossier"似乎是说博纳尔夫人姓"博西尔"。

55 伟烈亚力前揭书，第 238、239 页。

56 李提摩太：《在华四十五年》（Richard, *Forty Five Years in China*），第 33 页。译者按：李提摩太晚年写的这本自传，英文全称为：*Forty Five Years in China, Reminiscences by Timothy Richard D.D., Litt. D.*，可直接可译为《在华四十五年：李提摩太回忆录》。现有流传很广的中译本——《亲历晚清四十五年：李提摩太在华回忆录》，译名很雅，但有悖史实。查李提摩太 1870 年初来到中国，清王朝 1911 年灭亡，他无论如何也不可能"亲历晚清四十五年"，而书的内容也不全是李提摩太在华的经历，故副标题也显得不太准确。

的宣教工作。这六个差会总部派出差会先后来山东的次序为：

1. 美国南部浸信会，无疑是第一个来山东的差会。

2. 继美国南浸信会之后，法国巴黎新教传道会似乎是第二个来到山东的差会。

3. 美国北长老会或美国圣公会为第三个来山东的新教差会，现有资料尚不能确定哪一个在前，哪一个在后。

4. 英国浸礼会是继上述之后的第四个来山东的新教差会。

5. 苏格兰联合长老会是早期来山东的最后一个新教差会。

下篇
美国北长老会山东差会发展历程

早期　1861-1895 年

第三章　奠基：1861-1870 年

一、导言

在第一部分即上篇中，我们尽力展示了山东北长老会传教先驱在怎样的历史条件下开始工作的。

现存美国北长老会山东差会最早的记录，始于 1871 年，称为"山东北京差会备忘录"。山东差会的未刊信件和报告，保存在美国北长老会海外宣教部的档案里，然而，那一时期的未刊信件和报告清楚地标记着初始名称是"山东差会"，北京和山东布道站 1870 年以前并没有联合。[1]直到 1887 年才使用山东北京差会这样的名称，这一年，正式解决了北京、烟台、登州三处布道站的联合问题。[2]

第一阶段从 1861 年至 1895 年，特点非常明确。在这一阶段，传教士们关注的是奠定宣教基础、深入山东内地传布"喜讯"（glad news）。甲午中日战争宣告这一时代的结束，这场战争有效地毁灭了中国人先前的自大心理，点燃了催发觉醒时代的第一束火光。

1　北长老会国外宣教总部秘书劳里（John C. Lowrie）1870 年 5 月 20 日第一次在他致宣教地的信中使用"北京山东差会"这个用语。然而，总部直到 1871 年 5 月 1 日才正式批准了这一称谓，参见《中国：寄发信函》(*CHINA-Outgoing Letters, 1868-1872*)，第 138 页。另可见《总部会议记录》(*Board Minutes*)，第 4 卷，第 221 页。

2　《山东北京差会备忘录（1884-1889）》(*Shantung and Peking Missions Minutes,1884-1889*)，第 37 页。值得注意的是，中国宣教地的传教士们用"山东北京差会"（Shantung and Peking Missions）代替了"北京山东差会"（Peking and Shantung Missions）的说法。

二、1861 年：登州——山东第一处长老会布道站

我们在前面已经叙述了盖利夫妇和丹福思夫妇来到登州。这两家人在海雅西家住了几个月，那时海雅西住在一家当铺里，这家当铺是他在登州文人阻止把房子租给外国人之前租用的，经过整修后，成了他在登州的立足点。[3]稍后，在海雅西住处隔壁弄到了一处房子给盖利一家住，丹福思一家住进了观音堂。观音堂是从一位抽鸦片的穷和尚那里租赁的，租期没有限制。[4]所谓观音堂，是一座大院，有四座建筑，其中最大的一座石头建筑供奉中国的慈悲女神观音。1861 年 6 月倪维思夫妇到登州来以后，也住进了观音堂。[5]

盖利先生 1857 年 2 月来到中国之后，随即投身于开辟布道站的工作。海雅西先生写道："盖利先生几乎是一到这里，就与我和我的助手踏上了去莱州府的第一次旅行之路，我们在莱州府海庙庙会（Hai Miao fair）播下的种子，成了第一位转变信仰的信徒，这位信徒现在是长老会宁家（Ning Kia）布道站成员。"据此，可以清楚确定盖利先生 1861 年到莱州海庙的旅行是长老会在山东的第一次旅行布道。时间毫无疑问是 1861 年 5 月。[6]

丹福思夫人是登州这个小小社团第一位离世、事实上也是山东基督新教第一位离世的人。虽然是健康原因促使他们夫妇来到了山东，但丹福思夫人到山东后身体一直没有恢复，在 1861 年 9 月上半月去世。她葬在离传教士驻地大约一英里远的"海边"一块"无树、寸草不生的崖石之地"上。登州当地官员准予把这里作为传教士专用的永久性墓地。她就在北直隶湾海潮之音、碧蓝的海水陪伴下长眠于此了。[7]

继倪维思夫妇充实登州布道站的是梅理士（Charkes Rogers Mills）夫妇，梅理士夫妇带着两个孩子离开上海，但 1862 年 7 月 26 日抵达登州时，两个孩子没有了。一个在从上海至烟台的海上旅程中死于霍乱，另一个在从烟台到登州的陆路旅途中也死于霍乱。[8]

---

3 高第丕夫人前揭书，第 155 页。

4 倪维思夫人前揭书，第 215、216 页。

5 费丹尼：《狄考文：一位在中国山东四十五年的传教士》（Fisher, *Calvin Wilson Mateer-Forty-Five Years a Missionary in Shantung, China*），第 73、73 页。

6 高第丕夫人前揭书，第 155 页。

7 倪维思夫人前揭书，第 213 页。倪维思夫人认为丹福思夫人是 9 月 15 日下葬的，但没有说她的具体去世日期。

8 《美国（北）长老会差会工作记录》（*A Record of American Presbyterian Mission Work*）第 2、3 页。

同年（1862 年）秋，倪维思夫人开办了一所"小型寄宿学校"，但因为倪维思夫人回美国，这所学校第二年停办了。[9]这是长老会山东第一所学校，似乎也是山东第一所新教学校，尽管没有经过教条式的批准程序。

1863 年，蓝亨利（Henry Van Vleck Rankin）与蓝亨利夫人带着他们的两个孩子到了登州，进一步充实了登州布道站的力量。然而，同年 7 月 2 日，蓝亨利在登州去世，蓝夫人于翌年 7 月带着孩子返回了美国。[10]

尽管登州布道站人力损失殆尽，但还是有新成员不断进行补充。[11]1864 年 1 月下旬狄考文（Calvin Wilson Mateer）牧师和狄考文夫人、郭显德（Hunter Corbett）牧师和郭显德夫人经过 166 天海上旅程抵达登州。两个家庭有八个月的时间，与梅理士牧师夫妇都住在观音堂。[12]就在这一年年末，狄考文建起了一所小型寄宿男校，这所学校就是山东基督教大学、现在的齐鲁大学的最初基础。1864 年 9 月 24 日，狄考文在个人日记中写道："我们的学校开办的很顺利，尽管我们首先要面临寄宿方面的很多困难。"[13]

三、1861 年："捻匪"之祸

到登州第一年的北长老会传教士们亲眼目睹了所谓"捻匪"带来的可怕灾祸。这场灾祸的总根源是太平叛乱，"捻匪"似乎与太平军有松散联系。1861 年，这些地方劫掠者在山东制造了难以言说的灾祸，他们在广大农村横行无

9　《美国（北）长老会差会工作记录》（*A Record of American Presbyterian Mission Work*），第 11 页。另见倪维思夫人：《我们在中国的生活》（*Our Life in China*），第 439、441 页。

10　伟烈亚力前揭书，第 194 页。

11　《狄考文日记（手稿）》（*Mateer, C. W. Journals*-in manuscript），第 2 卷，第 74 页。这些未刊日记现藏山东济南齐鲁大学奥古斯丁（Agustine）图书馆。狄考文第一次在登州写的日记的具体日期是 1864 年 1 月 22 日，根据其 1864 年 1 月 3 日的日记，清楚地表明他们离开上海没多少天就到了登州。
根据烟台美国领事馆档案《其他函件》（*Miscellaneous Correspondence*）M. R.卷一（1864-1869 年），第 16 页所记，郭显德 1864 年 1 月 15 日到达登州，魁洛海（Craighead）在他所著《郭显德传》（*Hunter Corbett*）第 61 页说郭显德夫妇是与狄考文夫妇一起到达登州的，这就确定了他们四个人到达登州的日期 1864 年 1 月 15 日。
译者按：作者引用狄考文日记，此处为第一次。但可能由于疏忽或印刷失误，作者注释为"见狄考文前揭书，第 2 卷，第 74 页（Mateer, *op, cit.*, Vol. II, p74.）。这里是根据作者所附参考书目补充的资料名。

12　费丹尼前揭书，第 73 页。

13　《狄考文日记（手稿）》，第 2 卷，第 126 页。

忌，为所欲为。倪维思夫人对灾祸发生时情景的描述给人以深刻印象：

> 上星期后几天，叛乱者要来了的传说越来越明确，警报四起。乡下人慌慌张张地聚集到登州城外。我们从城墙上往外一看，一幅令人奇怪的景象映入眼帘，在城墙外平地上，数不清没主的骡子、驴、四处乱跑，这些牲畜异乎寻常地自由，不禁让人大惑不解。它们的主人骑着它们到城墙下以后，不得不放弃它们，仅存一点渺茫希望，希望以后能再见到它们。有人告诉我们说，惶恐绝望地逃脱了叛乱者的妇女们，为了避免孩子落入她们的敌人手里，就把小孩子扔到河里或路边的池塘里。每到傍晚，我们都见到云彩映出焚烧村庄闪耀的红光；在白天，可见到或远或近的股股黑烟冲天而起。这些景象，都在诉说着悲哀的故事……。霍姆斯（Holmes）先生骑马长途奔波，[14]刚从天津回来。他讲述他所经过的农村景象，一片荒凉，叛乱者们从他身边的道路掠过，烧毁村庄，杀死或抓走村里的居民，不仅如此，还处死所有生物。他说在有些地方，街道上除了难以计数的人的尸体外，还堆积着驴、家畜、狗、家禽的尸体，骑马很难通过。[15]

高第丕夫人在叙述了如何帮助逃难的中国人从城墙上到城里来，如何帮助受伤的难民之后，又补充记述道："传教士们这些仁慈举动的消息流传开来，几天以后，当城们打开的时候，大量受伤的难民都来寻求医治；所以，有两三个星期，布道站的房子都成了医院，绅士们也陆续开始参加慈善行动。尽管缺乏医疗技术，很多重伤号还是得到了救治，可能就是从这时候开始，周围地区的居民有了一个治病流行的习惯，不管什么病，都来找传教士要药。"[16]

劫匪们在泰安附近杀死了天主教士莫利讷（Molina），[17]在距烟台三英里处的珠玑村杀害了美国南浸信会的花雅各和美国圣公会的帕克。花雅各和帕克是应英国驻烟台领事的紧急邀请，前往距烟台二十五英里处劝说迅速推进的叛乱者骑兵不要进攻烟台。八天之后，在珠玑村附近发现了花雅各和帕克

---

14 从下文看，这里的 Mr. Holmes 为美国驻烟台领事馆官员、后来的副领事霍姆斯，花雅各牧师的弟兄，而不是花雅各牧师——译者注。
15 倪维思夫人：《倪维思传：一位在华四十五年的传教士》，第 217-218、220 页。
16 高第丕夫人前揭书，第 158 页。
17 法思远前揭书，第 165 页。

"满是刀枪伤痕和烧伤"的遗体，他们就是在那里被杀害的。[18]他们的遗体安葬在崆峒岛（Kung Kung Island）上。

"捻匪"在烟台周围引起了恐慌。1861 年 10 月 6 日夜间，叛乱者们来到了距烟台三英里处，在珠玑村烧了几栋房屋，洗劫了花雅各牧师和帕克牧师的住处，两家人在前一天晚上到了烟台。7 日，恐慌蔓延到烟台，中国人无管男女老幼，都慌慌张张奔向港口的小船，一位目击者写道："我从未见到这种景象。"[19]第二天，即 10 月 8 日，一群叛乱者登上山岭眺望烟台，烧毁了一处村庄，但"'傲慢号'（Insolent）战舰和法国汽艇"几发炮弹，把他们赶了回去。当卜罗德（Protet）将军和他的部队到了那些山岭上，"捻匪"已经无影无踪了，然而"映入他们眼帘的景像却足以激发他们的复仇之心：村庄被洗劫焚毁；数百名男、女和儿童被屠杀、焚烧。男人们双手反绑着，妇女怀里抱着婴儿被一起屠杀了。整个场景不忍直视。"

以上《北华捷报》住烟台通讯员的目击描述情形，在山东像"通志"一类资料中也都有记述。山东许多村镇和和城市郊区的圩子墙，就是这一时期建起来的。在山东一些山上有一些留下了这一时期的一些痕迹，那就是山东这一动

18　《北华捷报》1861 年 10 月 26 日，第 170 页。1922 年，在花雅各和帕克遇害附近的珠玑村民，他们大部都不是基督信徒，竖了一块石碑纪念花雅各，碑文如下：纪念咸丰十一年九月四日欲说服太平军勿屠戮珠玑百姓舍命拯救村民的花雅各牧师。

　　《礼记·祀法》云，"能捍大患则祀之"，"以死勤事则祀之"。花雅各牧师枉死，我们希望永志他的无畏、他的爱、他为我们做出的牺牲

　　珠玑村民民国十一年……月……日立。

　　译者按：以上英文碑文只标有立碑年份，没有标明具体立碑日期，而且与中文碑文标明的立碑年份差了两年。现可查到的中文碑文所标的日期是"中华民国庚申十月谷旦"，民国"庚申十月"为 1920 年农历十月，"谷旦"为"吉日"。英文碑文与中文碑文在同一石碑上，正面是英文，背面是中文，为什么立碑的时间不一致呢？一般说来，镌刻碑文与立碑应是一个时间，如是，既然这块碑是珠玑村村民立的，那就只有一种可能，即看上去碑的正面是英文，但事实上很可能是珠玑村村民竖碑的时候只一面有文字，原本这才是正面，两年后，又有西方人镌刻了英文，改换英文一面为正面，但却标上了镌刻英文时的年份，因不便推算具体日期，月、日空缺。到底具体真实情形如何，待考。

19　《北华捷报》1861 年 10 月 26 日，第 170 页。《北华捷报》驻烟台通讯员，一位与上述事实有关的目击者，生动描述了那些可怕的劫掠场景。然而，烟台的外国人却觉得自己是安全的；1861 年 9 月 25 日，一位通讯员报告说，有前来增援的 200 名法国人已登陆烟台，配备三门炮，"有了这些增援人员以及港口的三四艘战舰，我们觉得很安全。山东全省都处在叛乱之中。"——1861 年 10 月 5 日《北华捷报》。

乱时期修建的在需要时躲避这些叛乱者用的藏身之处。与该省其他地方相较，因为烟台有外国海军，烟台和登州的情况还是不错的。1861 年 10 月 9 日，"捻匪"一支三四千人的队伍逼近烟台，根据北京条约占据烟台的法国当局准备进行防御。面对两艘法国战舰和一艘英国战舰全副武装的军人，"捻匪"随即就匆忙撤走了，此后他们未再骚扰山东东部。[20]

太平叛乱和"捻匪"之祸究竟给基督教的传播造成了多大困难，的确是一个很难说清楚的问题。正如我们已经指出的，在基督教传播的晚期阶段，宗教和政治问题一起引发了基督教与清朝政府之间的冲突，官方产生了广泛的对新来的外国宗教的怀疑。李提摩太博士——一位在山东多年的传教士写道："太平叛乱令中国人担心宗教宣传是一场危险的政治运动。随后，即使签订了容忍宗教的条约，中国政府还是给各级官员下达指令，要他们尽最大努力防止传教士深入内地，以免他们偷走老百姓的心。"[21]"山东各教会一直担忧官员们的暴政"，[22]促使李提摩太所在差会向英国首相求助。晚至 1916 年，李提摩太博士依然坚持认为，"对基督教的憎恨并没有完全消除。"[23]

外国列强和外国传教士们常常被批评不同情、不帮助太平军。[24]比如，菲茨杰拉德（C.P.Fitzgerald）最近在他的书中指控说，列强已经从清政府那里得到了它们希望得到的所有好处，认为它们的贸易未来有了保证，所以就蔑视太平天国领导人。[25]至于传教士，在他看来，他们主要关注的是"宗派操行端正"，而不关注"与基督教对抗的广泛异教宣传问题"，他写道："一位未受洗礼的中国人，不可能成为新的先知。如果天王重新宣布他的启示和灵感，并谦卑地争取洗礼，接受某些英国传教士的指导，西方基督教世界是会认可他的……"[26]

菲茨杰拉德似乎忽视了一个事实，那就是对于各个国家来说，按照惯例，在叛乱者显示出有足够能力和能够稳定地履行国际义务之前，不能承认和支持叛乱者施行统治。[27]太平天国在所需要的稳定性方面的表现，几乎不可能令

20 马士：《中华帝国对外关系史》，第 2 卷，第 73 页。
21 李提摩太前揭书，第 157 页。
22 李提摩太前揭书，第 187 页。
23 李提摩太前揭书，第 186 页。
24 菲茨杰拉德：《中国文化简史》（Fitzgerald, China ,a Short Cultural History），第 578 页。
25 菲茨杰拉德：《中国文化简史》，第 576-577 页。
26 菲茨杰拉德：《中国文化简史》，第 209 页。
27 赫尔希：《国际公法与国际组织概要》（Hershey, *The Essentials of International Public Law and Organization*），第 209 页。

人满意。罗孝全（Issachar J.Roberts）——洪秀全和"天福"、头衔为"九门御林开朝精忠军师干王"先前的老师——关于太平天国的证词，[28]读来很有趣，也很有价值。在太平天国首都呆了十五个月之后，罗孝全写道：

> 从 1847 年做洪秀全的宗教导师以来，一直希望从他这里开始，在宗教、商业、政治上把中国引向好的方向，迄今为止，我一直是这场革命运动的朋友，在语言和行动上给予它支持，作为一名传教士，始终不曾损害基督使者的高尚品格。但是，在他们中间生活了十五个月之后，在密切观察了他们的行为、政治、商业和宗教之后，我完全变了，我想像过去有很好的理由赞成他们一样，现在有很好的理由反对他们。从个人角度讲，我不应该反对洪秀全，他一直对我很友好。但是，我认为他变成了一个疯子，完全不适合治理一个没有任何组织的政府，他连同他那些苦力王们，没有能力组建一个给予人民平等福祉的政府，甚至不能组建旧帝国那样的政府……。他的宗教宽容和混杂礼拜成了一种闹剧，丝毫无益于基督教的传播，甚至比没有基督教传播更糟糕。这种闹剧就像是提升、传布他的政治宗教机械，把他自己装扮成与耶稣基督一样，他就是神，就是父，他自己和他的儿子就是主。
>
> 对在他们中间成功宣教感到绝望，或者说对这场运动在宗教、商业、政治上的任何良好预期感到绝望，1863 年 2 月 20 日，我决定离开他们。[29]

随着罗孝全先生的离开，新教传教士与太平天国运动之间的主要联系中断了。[30]总的来看，传教士们在这场运动变成了一场叛乱之后，很可能是明智地冷眼旁观，几乎不关注他们的宗教和政治了，如果说还有人关注，那只能是他们的亲密朋友了。[31]

28　布赖恩：《中国的太平版乱》（Brine, *The Taiping Rebellion in China*），第 294 页。

29　布赖恩前揭书：第 296、298 页。

30　布赖恩前揭书：第 298 页。

31　1861 年春，一支英国舰队溯长江而上，舰队指挥官同意一位后来在山东多年的传教士高第丕以及一些其他传教士随行。我们在福斯特（Foster）的高第丕传记里看到有如下记述：

舰队在南京停泊时，高第丕在两名传教士的陪同下，欣然接受邀请拜访罗孝全。罗孝全数月前成功登陆南京，见到了他以前的慕道友、现在的"天王"（The Celestial Emperor）。他们被引导着到了一座宫殿，"顺从地跟随王派来的礼宾官带引他们谒

四、1862 年：烟台开辟之始

烟台是北长老会在山东开辟的第二个布道站。北长老会最初的传教士们为登州所吸引，是因为这里的城市规模和规格，在于登州的政治中心地位，以及它的文化和教育影响力。在条约谈判期间，确定用烟台替换登州作为通商口岸对外开放，是因为虽然烟台那时只是一个"非常小的渔村"，但它的重要性将日益增长。[32]此外，正如高第丕先生所指出的，如果要在登州开展宣教工作，那也有必要在烟台建一处布道站或某种代理机构，以便登州的工作人员能够获得必要的供应品和收取国外信函。除了这一原因，烟台也具有自己的重要性。早在 1861 年 2 月 8 日，花雅各牧师就写到："对我来说，烟台似乎是一最重要据点，如果说不是最重要的，也是在山东最重要的据点之一。"[33]

北长老会最早在烟台定居开展工作的是麦嘉缔（Divie Bethune McCartee）医生和麦嘉缔夫人。麦嘉缔 1840 年获得医博士学位，1843 年被美国北长老会海外宣教总部委派为牧师，1844 年 2 月 19 日抵达香港，同年 6 月 21 日到了宁波。[34]他在宁波一座旧道观里开办了个诊所。1862 年 7 月，麦嘉缔夫妇北上山东。在登州呆了三个月之后，他们在烟台定居。在烟台，麦嘉缔也开办了一处诊所，开展医疗工作，直到 1864 年春。麦嘉缔又返回到宁波，很大程度上是因为"作为医务和布道中心"的房子。[35]不过，同年晚些时候，他们回到烟台，试图尝试

见，这位王坐在王座上，头上顶着着闪闪发光王冠。"他们解释说他们来"拜访他们的朋友罗孝全，王幽默的看了一眼他的警卫，命令其中两名护卫带他们到罗孝全在天王府（Celestial Palace）的住处。到了之后他们发现罗孝全独自住在一大层。他相当沮丧地讲述了他在引导叛乱者们走主的路的前景。一年后，罗孝全先生为了活命逃离南京，去了上海，而后返回美国，在美国去世。"参见福斯特：《在华五十年：高第丕追思录》（Foster, *Fifty Years in China: an Eventful Memoir of Tarleton Perry Crawford*），第 118、120 页。

译者按：在相关中文资料中，尚未见到有高第丕等传教士谒见洪秀全的明确记述。福斯特这里所述文字似也含糊其辞，并没有明确说高第丕见到的这位王就是洪秀全。他记述高第丕他们见到的这位"王"使用"wang（king）"这样的写法，未知是何用意，有待进一步考察。

32 施密特前揭书，第 1 页。译者按：烟台取代登州为通商口岸，不是在条约谈判期间，而是在条约签订之后，英国派人考察港口情况时认为烟台更适宜做通商口岸，并经过清政府同意，决定用烟台替换登州为对外通商口岸。

33 塔珀：《美国南浸信会国外差会》（Tupper, *Foreign Missions of the Southern Baptist Convention*），第 210 页。

34 伟烈亚力前揭书，第 135、136 页。

35 《美国（北）长老会宣教工作记录》（*A Record of American Presbyterian Mission Work*），第 8、9 页。

再找房子，但于 1865 年永久离开了烟台。[36]在麦嘉缔第二次到山东期间，从 1864 年 8 月 1 日起至 1865 年 7 月 15 日止，医药传道的同时，还为美国驻烟台领事馆服务，担任副领事，因而享有烟台和山东第一任领事官员的荣誉。[37]

狄考文牧师自从与既是一名传教士又是一位领事的麦嘉缔交往后，他的相关日记就特别有意思。下面引述的这一段狄考文日记，是他对麦嘉缔被任命为领事之前作为一名传教士医生的看法："星期三我们同麦嘉缔在一起，很享受这次访问。麦嘉缔医生和麦嘉缔夫人确实是非常讨人喜欢的人，他们煞费苦心让我们感到舒适。他们的生活的确很好，麦嘉缔医生是位很活跃的传教士，尽管他不是按立牧师。他在英语和汉语方面，都是优秀学者，具有突出的实践性思维。他为我提供了大量关于传教士行医的方式方法方面的信息。"[38]我们也看一下狄考文对作为副领事的麦嘉缔的描述。1864 年 9 月，登州一项围绕租中国人房子遇到的许多难题的案子递交到了麦嘉缔那里，狄考文在 1864 年 9 月 10 日的日记中部分透露了他对麦嘉缔作为副领事的看法："这个案子有很多机会使我们差会占据有利地位，但我不能肯定结果会是这样的。麦嘉缔医生是一个对诉讼程序细节一丝不苟的人，我们的诉讼无疑是很不正式很不正规的，他们必定会对我们案子的一些细节特别关注，从而迫使我们放弃走法律程序。"[39]然而，这位烟台的宣教先驱无疑是个有能力的人，最终他成了东日本差会（East Japan Mission）的一员。[40]

第二个到烟台也是第一个永久驻烟台的家庭是郭显德牧师和郭显德夫人，据高第丕夫人说，他们离开登州主要是因为难以找到适当的住处。[41]1864

36　《美国（北）长老会宣教工作记录》（*A Record of American Presbyterian Mission Work*），第 9 页。

37　《烟台领事馆记录》（*Chefoo Consulate Records*）。

38　前揭《狄考文日记（手稿）》，第 2 卷，第 84 页。

39　前揭《狄考文日记（手稿）》，第 2 卷，第 121 页。然而，1865 年 2 月 26 日，美国驻华公使伯林格姆（U. S. Minister burlingame）却概括登州这一案子的特点是（麦嘉缔）"外交行为所遇到的最困难的案件之一。"此外，他补充说，"你在整个谈判过程中的作为，值得特别称道。"参见《外交信函》（*Diplomatic Correspondence*）第二部分，1865 年，第 434 页。

40　布朗前揭书，第 276 页。

41　高第丕夫人前揭书，第 162 页。1864 年 9 月 24 日，郭显德本人写信给烟台领事说，他 1864 年 1 月 15 日至 1864 年 8 月 22 日住在登州，购买不到也租不到任何房子。参见烟台领事馆：《其他通信》（*Chefoo Consulate Miscellaneous Correspondence*）M. R. 卷第 1 号（1864-1869 年），第 16 页。

年8月，他们迁至距烟台三英里处的珠玑村，1865年12月，他们搬进了烟台的一处住宅，郭显德本人描述这座房子是"烟台很小的一座建筑，建在一条溪流边上，雨季溪水常常漫上岸，卫生条件一塌糊涂"。[42]其实，这就是麦嘉缔住过的房子，时间证明：郭显德的到来，烟台宣教工作奠定了永久性基础。

五、1862年：霍乱

在山东的传教士们，第一年经历"捻匪"惨祸，第二年遇上了致命传染病霍乱。[43]这两次灾祸，第二次对外国人的打击更致命。1862年7月，霍乱在烟台爆发，不到一个月时间，夺走了四位成年传教士和五个孩子的生命，根据现有资料，他们依次为：

1. 梅理士的一个孩子，死在从上海到烟台旅途中的船上。

2. 7月20日，英国浸礼会霍尔的一个孩子病故。

3. 7月14日，美国圣公会传教士史密斯的夫人在距烟台三英里处的珠玑村病死。[44]

4. 一个星期后（6月22日），霍乱夺去了烟台英国浸礼会牧师霍尔的性命。[45]

5. 霍尔去世的当天晚上，烟台法国新教布道会的玛丽·E. E.·博纳尔（Marie E. E. Bonheure）夫人成为霍乱的牺牲品。[46]

6. 梅理士家里的第二个孩子在从烟台到登州的旅途中死于珠玑村。

7. 7月26日，梅理士夫人的哥哥、长老会登州布道站的盖利，在去烟台迎接梅理士一家返回途中，染霍乱身亡。

8. 8月6日，盖利的幼女病故。

---

42 《美国（北）长老会宣教工作记录》，第9页。

43 倪维思夫人：《我们在中国的生活》，第389-399页。

44 史密斯夫人安葬在珠玑村东面约一英里处的山岭上，墓前一块石碑上镌刻着下面的字样：
口宣智慧，【心】存仁慈。
你的爱令人惊叹。
中国【美国圣公会】牧师史密斯夫人苏珊·N. 格林汉姆·司柏罗（Susan N. Graham Sparrow），1830年7月22日生，1862年7月……辞世。谨竖此碑志念。
上述碑文【】内文字和……处的字迹难以辨认。

45 他在烟台法国墓地的墓碑上镌刻着："英国浸礼会牧师查尔斯·詹姆斯·霍尔（Charles James Hall）1862年6月逝世于烟台，遗体在此静待复活清晨。"

46 《美国（北）长老会差会工作记录》，第2页。

9. 福州美部会的卢公明夫妇（Doolittles）的小女儿露西（Lucy）到登州来看她在这里的父母，感染致命霍乱病亡故。

这场瘟疫给中国人造成了更大的灾难。患病死亡率高的吓人。倪维思夫人记述说："霍乱到了登州，在当地人中令人恐怖地流行起来。从早到晚，我们都能听到周围住户家中的痛哭悲号声，同时，到处可见一些新坟……这里三十年间未曾有过这么严重的霍乱病，那以后也没再发生过。"[47]高第丕夫人说，"有段时间，遭受霍乱折磨的社区，似乎就是死亡之海。"[48]

在这些悲剧发生的日子里，登州既没有医生，也没有医院，而烟台遭遇这场灾祸时，麦嘉缔医生似乎已经到了那里。[49]今天已经完全不同了，山东长老会所有布道站不仅至少有一名医生（除三处布道站以外其他都有外国医生），有医院设施，而自那次霍乱以后，在治疗霍乱病方面，医学已经有了巨大进步。齐鲁大学医学院的专家断言，如果立即进行专业治疗，霍乱病患者80-90%能够康复。1935年上海霍乱流行期间，3,000名霍乱患者，95%恢复了健康。

六、1867年：第二次"捻匪"劫掠

继1865年太平叛乱被最终镇压之后，又出现了类似于叛乱的骚乱兴衰时期。在山东，这一趋向的具体表现为"捻匪"广泛的第二次劫掠。"捻匪"数量估计有10,000-70,000人之数，[50]尽管很可能也就万余人，但大多数是骑兵，其中应该有少数外国人。[51]听说这些劫掠者在济南、青州出现，烟台的道台修建了一道圩子墙，现在还在那里，这道墙沿烟台南面的山岭而建，东起"东炮台"（east fort），西至"西炮台"（west fort）。很可能是这道墙以及害怕海港里停泊的外国战舰，"捻匪"才没有攻击烟台，7月14日在港口附近的几处山隘冒了冒头就算了。[52]

在登州，大批民众再次涌向城里。"几处布道站房屋的所有房间都挤满了

---

47 倪维思夫人：《倪维思传：中华宣教四十年》，第226-227页。

48 高第丕夫人前揭书，第159页。

49 倪维思夫人：《我们在中国的生活》，第396页。

50 马士：《中华帝国对外关系史》，第2卷，第72页；施密特前揭书，第8页。参见《教务杂志》，第1卷，第77-82、97-102页关于山东西北部相关情况的描述。

51 施密特前揭书，第8页。

52 施密特前揭书，第8页。

佣人或基督徒从乡下来的亲戚朋友。避难者们来了什么事也没有，就是来要药，或者是好奇来看看，或者是来消磨时光。这样一来，倒是提供了一个向数千人宣教的机会，不然的话，他们或许永远也听不到福音。在大约两个月时间里，定时对暂时住在我们家里的那些人进行尽可能的传授指导，尽我们的最大努力，每天教授一些来访的人。"[53]在形势最危急的时刻，桑福德（E.J.Sanford）领事和美国海军指挥官卡本特（Carpenter）率"全副武装的战舰"来到登州保护美国公民。[54]

虽然清政府尽最大努力镇压这些游荡的劫匪，但收效甚微，1867年9月，据报出动 10,000 名帝国军队平叛。[55]为了剿灭叛军，估计在山东部署了约 70,000 军队，李鸿章督率 60,000 帝国军队在莱州与胶州之间修建了一道 320 里（107 英里）圩墙，每三里设一营垒。这些巨大努力徒劳无功，1867年10月8日，叛乱者逃跑了，沿途还劫获了十门火炮、2,400 名士兵，其中包括 700 名骑兵。不过，这是"捻匪"或者所谓的叛军在山东最后一次露面。[56]

七、北长老会第一家中国教会与区会的建立

谁是山东北长老会第一位基督徒？据档案记载是林青山（Lin Ching-shan）。[57]登州的梅理士牧师 1862 年为他施行洗礼，那一年他近四十岁了。我们现在可以确定的是，林先生在 1866 年 2 月 26 日被选为长老，也是山东第一位北长老会长老。[58]

山东第一个北长老会教会是登州教会，高第丕夫人记述说："长老会的档案记录表明，同治元年八月二十六日组建了教会，有八名成员，"这个日期按

---

53 高第丕夫人前揭书，第 165 页。

54 烟台领事馆：《其他通信》M.R.卷第 1 号（1864-1869 年），第 140-142 页。1870 年 7 月 9 日，狄考文、倪维思、高第丕、海雅西以及哈丕森（Capp）先生在他们的呼请信中说，"上一次叛乱者出现的时候，战舰的到来有很大帮助。"

55 《最高法庭与领事公告》（*Supreme Court and Consular Gazette*），1867 年 9 月 21 日，第 110 页。这是一份上海 1867-1869 年间出版的周刊。

56 《最高法庭与领事公告》，1867 年 11 月 23 日，第 214 页。值得指出的是，尽管这时局势动荡，烟台十八名英国居民在写给英国驻华公使阿礼国（Rutherford Alcock）勋爵的一封信中，还倡议建一条烟台至济南的铁路。参见《北华捷报》，1867 年 5 月 25 日，第 264 页。

57 《美国（北）长老会差会工作记录》，第 16 页。

58 高第丕夫人前揭书，第 175 页。

照我们太阳历是 1862 年 9 月 17 日。[59]第二个教会是珠玑教会，珠玑是距烟台三英里的一个村庄，郭显德离开登州之后最初居住的地方。珠玑教会似乎组建于 1865 年 6 月 11 日，成员有王琗（Wang Tswei）、梁伟（Liang wei）、梁鼎鑫（Liang T'ing-hsin）。烟台教会组建于 1866 年 1 月 14 日，有六名成员。[60]值得注意的是，这些记录显示，1873 年烟台教会接收了 66 名新成员；同年，郭显德博士于设在即墨的教会接收 69 名新成员；同样，截至这个时候，最常见的教会纪律案件均与性犯罪和吸食鸦片有关。[61]

　　然而，山东北长老会传教先驱们不满足于组建了在各地建立一些教会（堂会），他们要更进一步组建山东区会（老会）。1865 年 12 月 4 日，梅理士、郭显德、狄考文在烟台聚会，商定要成立这样一个区会。根据登州教会已有十八名成员并且"赴烟台组建了一家教会"的事实，他们决定"同意我们前述几位牧师尽可能按正常程序组建我们自己的区会，以便处理此后可能要进行的诸如委任等事务"。[62]他们认识到自己的做法很不正规，致信大会说，请"认可我们的申请，使其合法化，新成立的区会将称为北长老会山东区会，它的委任权属于纽约总会（Synod of New York）"[63]梅理士先生被举为会议主席，狄考文

59　倪维思夫人在《倪维思传：中华宣教四十年》第 223 页说，"1862 年 3 月 2 日，登州教会接纳了三名成员，"如果这一日期是正确的，那就会导致我们认为登州教会在 1862 年 3 月 2 日以前就组建起来了。由于我们一般认为登州的南浸信会是山东最早的教会组织，这个组织组建于 1862 年 10 月 5 日（见高第丕夫人前揭书第 173 页），倪维思夫人 1862 年组建教会接收信徒时间的说法无疑是错误的。无论如何，历史学家都将接受高第丕夫人所说的日期，因为她引用的是她的中文资料。"浸信会开始有八名成员，包括海雅西先生和海雅西夫人、花雅各先生和花雅各夫人。"见高第丕夫人前揭书，第 173 页。
　　至 1871 年，组建教会仅七年时间，登州教会已有约百名成员，需要更大的聚会场所。1871 年 8 月 6 日，新教堂建成，举行了落成典礼。新教堂建筑长 71 英尺，宽 39 英尺，塔楼高 45 英尺，为登州城里最好的建筑。见《北华捷报》，1871 年 8 月 25 日，第 636 页。

60　《烟台教会未刊中文记录》（*Unpublished Chinese Records of the Chefoo Church*），第 1 页。

61　《烟台教会未刊中文记录》（*Unpublished Chinese Records of the Chefoo Church*），第 27-35 页。

62　《山东（北）长老会区会备忘录（英文手稿）》（*Shantung Presbytery Minutes*, in English; in manuscript）；《美国（北）长老会大会备忘录（1896 年）》（*Presbyterian Church in U. S. A. General Assembly Minutes*, 1896），第 146 页；《美国（北）长老会差会工作记录》，第 73 页。

63　《美国（北）长老会差会工作记录》，第 75 页。

担任书记，郭显德安排在下次会议讲道，如果美国长老会大会承认他们的烟台会议程序合法，下次会议将是北长老会山东区会第一次会议。[64]在今天看来，他们三个人自己投票决定各自的职责，多少有点奇怪，但不应忘记，他们当时所处环境是很不正常的。

第二次会议，或者说是第一次区会，1866年9月9日在登州举行。这次会议除了梅理士、狄考文、郭显德之外，还有两位中国长老林青山和王焠出席。狄考文被举为会议主席和书记，会议主要事项如下：

1. 郭显德英文讲道，并翻译为中文。

2. 接着，梅理士用中文讲道。

3. 议定梅理士为登州教会牧师（pastor），当即履行职责。

4. 致信登州美国南浸信会，表达弟兄情谊。

5. 讨论了饮酒和吸食鸦片问题。指派林长老与王长老就这些问题写出文章，提交下一次区会。[65]

1867年8月26日，美国长老会第二次区会在烟台召开，在这次会议上，烟台报告说31名成员，登州26名；烟台当年接收了16名男成员，3名女成员，登州当年接收12名男的，3名女的。[66]

1868年，召开了第三次会议，这次会议委派要回国休假的梅理士为美国北长老会大会山东区会代表；梅理士因此成为美国北长老会大会山东第一位代表。[67]

八、1868年：联合会堂——第一次在山东联合开展工作

在像1862年霍乱以及1861和1867年"捻匪"造成的一般灾难和危险威胁时，不分宗派、国籍，向心力似乎强于离心力，从而显现出共同合作与联合行动的局面。由于山东是齐鲁大学的故乡，齐鲁大学不是一个差会办的大学，而是世界上各差会联合办的大学，简要追述一下早期的联合事业——联合会堂的情况，当是很有意义的。

尽管登州的北长老会和南浸信会都是美国差会，但在1861年他们联合做

---

64 《山东（北）长老会区会备忘录（英文手稿）》。

65 《山东（北）长老会区会备忘录（中文）》，第1、2页；《美国（北）长老会差会工作记录》（*A Record of Presbyterian Mission Work*），第75页。

66 《山东（北）长老会区会备忘录（中文）》第3、4、5页。

67 《山东（北）长老会区会备忘录（中文）》第7、8页。

常规英语礼拜，而烟台的传教士们则首次正式组建了山东第一家联合会堂[68]。1868 年 9 月 19 日，英国浸礼会的劳斯顿（R.F.Lauthton）牧师和劳斯顿夫人，英国偕我会（English Methodist Free Church Mission）的富勒（W.R.Fuller）牧师和富勒夫人，苏格兰联合长老会的韦廉臣牧师和韦廉臣夫人，美国长老会的郭显德牧师、郭显德夫人、道宁小姐（Calista B.Downing），集会共同组建了联合会堂（Union Church）。[69]在这次集会上，"旅居烟台的牧师同意设立协作牧师团"，这就意味着他们同意讲道，韦廉臣牧师是首任合作牧师团秘书。[70]

这一微不足道的开端发展起来的联合会堂，现在依然运行良好，拥有一座优良石砌宏伟建筑。最初未刊发的备忘录中，记录有以下三件具有历史意义的事件：

1. 1869 年一家教会发生"纠纷"时，郭显德牧师充当了调解人的角色。[71]

2. 协作牧师团每季度集会一次，牧师团的每一位牧师要在季度集会上宣读自己的文章。[72]

3. 由于受"烟台要屠杀所有外国人"谣言的扰乱和刺激，1870 年 7 月的一次协作牧师团的延期会议没有举行。[73]

九、1870 年：山东第一次撤离

由于过去六十多年间，在山东的传教士有过多起从这里或那里撤离的事情发生，追溯一下第一次撤离的某些历史细节，或许具有特别的意义。当中国在所谓的"鸦片"和"亚罗"战争中战败并因此签订了屈辱条约后，[74]在中国的罗马天主教徒索赔他们十七、十八世纪占有或自己拥有的财产。此外，罗马天主教修女们在一些地方建起了孤儿院。虽然这一时期所有外国人都不受欢迎，但显然罗马天主教徒是特别不受欢迎的一帮。绑架小孩，用这些孩子们的

---

68 高第盃夫人前揭书，第 155 页引述海雅西的一封信。另外，关于登州用外语做常规礼拜一事，狄考文在他的前述日记（第 2 卷，第 87 页）中写道："登州传教士们每个安息日用英语做礼拜，当然，我们都参加，共有十一个人……。我们参加的第一次安息日礼拜，海雅西牧师讲道，确实讲得非常好，我们非常享受这种礼拜。我真的很高兴每星期这样一起用我们自己的语言崇拜神。"

69 《烟台联合会堂备忘录》（Minutes of Chefoo Union Church），第 1 页。

70 《烟台联合会堂备忘录》（Minutes of Chefoo Union Church），第 26-27 页。

71 《烟台联合会堂备忘录》（Minutes of Chefoo Union Church），第 13 页。

72 《烟台联合会堂备忘录》（Minutes of Chefoo Union Church），第 30 页。

73 《烟台联合会堂备忘录》（Minutes of Chefoo Union Church），第 30 页。

74 "亚罗"战争，指第二次鸦片战争——译者注。

眼睛制造迷幻药以及类似不可思议的谣传，加剧了潜在的排外情绪。1870 年6 月 21 日，天津一群乱哄哄的中国人被法国领事丰大业（M.de Fontanier）的不当行为所激怒，杀死了丰大业，放火烧毁了法国天主教堂，洗劫捣毁了仁爱会修女（Sisters of Saint Vincent de Paul）的育婴堂，杀死了十名修女、两名神父、四名其他法国男人和妇女、两名俄罗斯男人和其中一位的妻子、三四十名教会或育婴堂雇佣的中国人。[75]

这些血腥屠杀事件流言很快四处传布开来并在山东和其他地方产生反响。倪维思夫人在她的倪维思传记中（第 286 页）描述当时的情景说："1870 年夏季，中国北方各省发生了强烈的排外骚动。广为流传的招贴、书籍和小册子极力煽风点火，一时间谣言四起，说要把外国人赶出中国了。谣传越来越像是真的，再置之不理就是傻瓜了。当地与我们有联系的人极其担心和激动起来，他们被威胁要攻击他们的外国先生。每天都有一些官方和百姓带有敌意的传言。常常传来一些警告说，我们唯一能获得安全的途径就是尽可能快地从登州撤走。"[76]

7 月 11 日，狄考文、倪维思、高第丕、海雅西、哈丕森（Edward P.Capp）请求美国驻烟台副领事霍姆斯（S.A.Holmes）要求"派遣一艘战舰前来，由海军登陆震慑事态，上一次叛军到登州，战舰载海军前来就有巨大帮助。"[77]烟台领事馆似乎没有立即作出回应，传教士们开始自己计划逃亡。传教士们的有些住处毗邻一些小巷子，这些小小巷子通向僻静的街道，穿过这些街道就到了城墙，准备好长长的绳索，他们从城墙顶上拽着绳子就可以溜下来。形势变的越来越糟，登州城里的北长老会和南浸信会召开了两次联席会议商讨对策。第一次会议没商讨出什么结果，但在第二次会议上，据狄考文说，高第丕先生和高第丕夫人、倪维思先生和倪维思夫人、狄考文夫人和布朗（Maggie Brown）小姐投票赞成要求"尽快派一艘蒸汽船前来"。狄考文本人显然坚持他自己的判断，非常不情愿地赞成了撤离意见。[78]在其他传教士的要求下，8 月 29 日，

---

75 马士：《中华帝国对外关系史》，第 2 卷，第 246 页。

76 参见《北华捷报》，1870 年 7 月 22 日，第 45 页，有下面摘自一封烟台来信的话，信中说："昨天夜间大约凌晨两点半光景，一位苦力把我叫醒了，告诉我说有传言中国人夜里要攻击烟台……。第二天早晨，我发现外人居住区内人们都还相当激动，了解到所有妇女已经在夜里乘船离开了。"这段话没有注明写信人的名字。

77 烟台领事馆：《其他信函》，M.R.卷，第 1 号（1870-1873 年），第 20 页。

78 前揭《狄考文日记（手稿）》第 4 卷，第 65、66 页。

倪维思写信给副领事霍姆斯，要求他搞到一艘汽船，"如果可能的话，尽量搞到一艘炮船，"[79]前来接应登州传教士撤离。因为那时烟台港内恰好没有美国炮船，而英国海军中将凯勒（H.Kellet）爵士正在烟台，于是霍姆斯副领事即写信给凯勒中将，请他派一艘炮船或其他船只代表美国政府到登州去解救传教士。[80]凯勒中将于 9 月 1 日派出了"巴罗萨号"（Barrosa）和"蚱蜢号"（Grasshopper）两艘战舰赴登州，载下列人员撤离：

海雅西和他的四个孩子；

倪维思牧师和倪维思夫人；

哈丕森牧师；

狄考文夫人；

高第丕夫人；

莫里森（Morrison）夫人和一个孩子；

几位中国佣人。[81]

狄考文先生与高第丕先生留在后面，要找人看护撤离后没人住了的房屋。据狄考文说，原来的安排是他与高第丕要在 9 月 2 日撤离，陆路去烟台，但他自己去了烟台，并没有和高第丕一起。英国文件中模糊显示高第丕没有离开登州；而高第丕夫人在她的历史手稿中，并没有提到高第丕留了下来，这很可能只有一种解释，那就是高第丕在狄考文离开数日之后去了烟台。[82]

从 9 月 1 日至 10 月 20 日，大部分避难者呆在烟台，有几个去了上海。狄考文在他的日记中说，美国驻华公使镂斐迪（Frederic F.Low）希望至少男传教士

79　《中国》（China）第一号（1871 年），第 134 页。译者按：根据作者书后所列参考文献，这里的《中国》是指英国议会文件（Parliamentary Papers）中关于中国天津教案部分的文件。英国议会文件，中国学界长期习称"英国蓝皮书"。

80　《中国》（China）第一号（1871 年），第 135 页，第 82 件附件 5。

81　《中国》（China）第一号（1871 年），第 135 页，第 82 件附件 4。

82　《中国》（China）第一号（1871 年），第 166 页，第 105 件附件 1。狄考文夫人在她的未刊"登州北长老会寄宿男校史"（History of the Boys' Boarding School in Connection with the Presbyterian Mission in Tungchow）手稿第 134 页中说："9 月 1 日我们社区的人都撤到了烟台，第一次把学校解散了。"译者按：在正文中作者说是高第丕夫人在她的历史手稿中没有提到高第丕留下来，而这里却引述狄考文夫人未刊书稿中的话，疑正文中所说的高第丕夫人为狄考文夫人之误。或者，正文中所说的高第丕夫人的历史手稿指的是第一部分注释中注明的《登州最初十三年宣教史》（History of Missions in Tungchow for the Firt Thirteen Years, by Mrs. M. F. Crawford）手稿，即在登州文学协会的演讲稿。

们回到登州，但要乘战舰返回，"希望尽快成行。"[83] 在登州地方官员保证他们"能够并且愿意保护传教士的生命财产以及和平生活条件"之后，避难者们乘美国战舰"伯尼西亚号"（Bernicia）返回。[84] 男、女、孩子及中国佣人共计二十四名，与烟台领事馆翻译官索尔博（Solbe）先生一起于 10 月 20 日抵达登州，但当天并没登岸，而是在第二天（10 月 21 日）才上岸。[85] 高第丕夫人在返回登州后评论说，"乘坐美国战舰返回，这里的人们很长一段时间似乎更友好了。"[86] 当传教士们希望"波西尼亚号"指挥官金伯利（Kimberley）连同战舰所有军官"全副武装到海滩和城里街道上走走"的时候，他拒绝了，因为他感觉到了当地中国人很欢迎传教士回来，完全没有必要以这种方式显示武力。[87]

在传教士们身处暴力威胁之中的嘈杂纷乱年代，天津传来的谣言令登州外国人社区的人们尤其是有孩子的人情绪更不稳定，坚持要撤离，并不令人吃惊。不过，很显然，除了美国公使的看法之外，至少美国人乘坐英国战舰撤至烟台，尤其是男传教士这样做，还是多少有些匆忙的举动。英国驻华公使威妥玛（Thomas Francis Wade）写信给英国驻烟台代理领事梅辉立（W.F.Mayers）说，如果避难者们与他商讨返回登州的话，"我很高兴你建议他们把妻子和孩子留在烟台，自己返回，如果他们要全部返回，毫不迟疑表示同意。"[88] 山东北长老会传教士的第一次撤离事件，就这样结束了。

十、北长老会宣教先驱的经济贡献

早期山东传教士每天面对可怜的贫穷百姓，禁不住想做点什么来使他们增加财富，提高一下生活水平。很明显，最初的基督新教经济施惠者是梅理士

---

83 前揭《狄考文日记（手稿）》，第 4 卷，第 71、72 页。娄斐迪在信中不仅认为登州布道站的男传教士们应该"在一旦有适当安全保障的前提下"返回登州，而且指出："我对你们认为不得不放弃布道站的行为感到遗憾，即便是暂时的，也不应该放弃经过斗争得来的宣教地，你们的行为很可能不仅会增强登州也将增强其他地方的排外情绪，令在中国的美国传教士感到不安。"《对外关系》，1871 年，第 77 页。译者按：这里的《对外关系》，作者只是简要地注明 *Foreign Relations*，未知是哪国对外关系，也不知道作者是谁，根据作者书后所列征引文献，应该是公开出版的美国对外关系（*Foreign Relations of the United States*），出版地华盛顿，但也没有编者、出版社、出版年份等信息。

84 《对外关系》，1871 年，第 88 页。

85 《对外关系》，1871 年，第 88 页。

86 高第丕夫人前揭书，第 169 页。

87 《对外关系》，1871 年，第 88 页。

88 《中国》，第一号（1871 年），第 168 页，第 105 件附件 5。

牧师。很多年前,没人知道具体时间,梅理士休假回来带了一些美国花生。他给了两位中国朋友每人一袋花生,据估计是建议他们试种这种美国花生。一位中国朋友把花生吃掉了;另一位种到了地里,结果发现这种花生比本地花生好得多。梅理士就这样把美国花生引进了华北,甚至因此载入了《中国工业编年史》(*Chinese Industrial Chronicles*)。[89]美国花生比当地花生好很多,而山东的土壤又非常适宜花生的培育生长,结果美国花生的种植越来越普遍,在国际市场上赢得了令人称羡的地位。1931 年,出口旺盛,中国共出口花生 798,910 吨,价值 28,000,000 海关两(约合 35,000,000 墨西哥银圆),其中大部分为山东出口的。[90]

另一位志在帮助中国人改善提升人们生活条件的美国北长老会传教士是倪维思。自立贯穿倪维思传教思想主张始终,他对帮助中国基督徒使其可能自己支持自己的基督教活动有着强烈的兴趣,他帮助中国基督徒自立的途径和手段一直是园艺,这也是他自纽约农场青年时代起一直以来的巨大爱好。以这种眼光看待水果,倪维思到山东后就发现这里的水果匮乏低劣。他很早的时候就想改良山东的水果,并"立即开始行动"。[91]他写信给美国和欧洲的许多地方求购各种水果和浆果,进行了很多各种实验。为了搞这些实验,他在离烟台住处不远的地方买了约三英亩土地。[92]早在 1869 年,他就写信给岳父说他和夫人在度假回中国途中路经日本时,从这个岛国带了 20-30 株草莓到山东。一两年间,倪维思家里就吃到了草莓,他们也希望栽种很多番茄。[93]1887 年,倪维思种植了特拉华、戴安娜、斯威特沃特、黑汉堡、阿曼苏丹(Delaware, Diana, Sweetwater, Black Hamburg, Mascat)葡萄;巴特利特(Bartlett)梨和其他品种的梨,以及各种苹果和李子。[94]1877 年 9 月,《北华捷报》一位驻烟台记者写道:倪维思引进了一种梨,每个 9 月到访烟台的人都应该感谢他,这种梨"咬上一口,满嘴芬芳,美味、多汁,不用咀嚼就融化了。"[95]当地人发现,倪维思

89　《中国经济月报》(*Chinese Economic Journal and Bulletin*),第 19 卷,第 57 页。

90　《中国经济月报》(*Chinese Economic Journal and Bulletin*),第 19 卷,第 388-395 页。

91　倪维思夫人:《倪维思传: 中华宣教四十年》,第 429 页。

92　倪维思夫人:《倪维思传: 中华传教四十年》,第 429 页。

93　倪维思夫人:《倪维思传: 中华宣教四十年》,第 279 页。

94　倪维思夫人:《倪维思传: 中华宣教四十年》,第 431 页。

95　《北华捷报》,1887 年 9 月 17 日,第 310 页。

的水果价格"几乎是他们同一种水果的十倍"，他们开始对种植这些改良水果感兴趣起来。此外，倪维思还定下了一条规矩："当地人无论是谁要种植改良水果，他都无偿提供他的改良水果枝丫，并到现场帮助嫁接。"[96]逐渐地，"倪维思改良"苹果、梨、李子传遍了山东半岛，帮助数百万人增加了财富收入。

---

96 倪维思夫人：《倪维思传：中华宣教四十年》，第430页。

第四章 向内地渗透时期
（1871-1895 年）

一、导言

山东早期先驱传教士头十个年头在两个港口——登州和烟台开展工作。无论是郭显德还是倪维思，他们旅行数百英里外出传教，走遍了山东大部分地区，但谁也没有试图在山东内地开辟新的布道站。[1]这很可能主要是因为新教不享有在条约口岸以外建立布道站的权利。在不享有内地建立布道站权利的情况下，英国和美国当局头十年不赞成传教士们向内地扩张。登州撤离事件不久，威妥玛先生就写信给格伦威尔伯爵（Earl Grenville）特别指出："我不赞成，至今我反对新教差会在条约口岸以外设立布道站。"[2]1870 年 9 月 20 日，他写信给麦赫斯（Medhurst）领事说，戴德生的中国内地会（James Hudson Taylor's mission）"尤其要注意不要在内地增设布道站，也不要不明智地轻易放弃已经设立的布道站。"[3]1872 年 10 月 23 日，美国驻华公使镂斐迪致函国务

1　《虎门条约》（1845 年）第六款规定："广州等五港口英商或常川居住，或不时来往，均不可妄到乡间任意游行，更不可远入内地贸易，中华地方官应与英国管事官各就地方民情地势，议定界址，不许逾越，以期永久彼此相安。"（海关：《中外约章》第 1 卷，第 392 页。）然而，到这个时候，这一条款已经成为"一纸空文，到五口之外旅行数星期之久，没有任何障碍或抗议。"福斯特前揭书，第 88 页。
2　《中国》第一号（1871 年），第 165 页，第 105 件。
3　《中国》第一号（1871 年），第 169 页，第 106 件附件 2。韦廉臣在他 1870 年出版的《华北游记》（*Journeys in North China*）一书的前言中写道："最近（4 月 6 日）提交给议会的文件，谴责外国人'内地居住'；主张限制传教士在通商口岸内活动。"另参见赖德烈前揭书，第 278 页及该页注释。

卿说，"现在传教士们的后退行为是不明智的，因此我将尽力保证他们的安全，与此同时，我不能不向他们强调，无论是条约规定还是明智的政策选择，都不允许扩展旧有布道站或在内地设立新的布道站。"[4]

根据《北京条约》（1860年）第六款不很明确的规定，罗马条主教似乎享有内地传教的权利，通过1865年的《柏德美协定》（Berthemy Convention），[5]使这一权利增加了某些保障，那么新教传教士或迟或早与罗马天主教一样进入内地开辟布道站，就不是什么问题了。

二、1871年：北长老会济南工作的开端

如上所述，尽管官方不同意到通商口岸以外的内地传教，但新教传教士们还是向内地推进了。苏格兰圣经会的韦廉臣牧师声称是第一位到济南的传教士，在那里"出售了大量书籍"。山东省城整座城市的喧嚣忙碌、城市的规模和重要性、"满是书籍"的书店、西城门外的泉水等，给韦廉臣先生留下了非常深刻的印象。[6]

长老会在济南的先驱是文璧（Jasper Scudder McIlvaine）牧师，李提摩太博士认为他是"最有前途的年轻传教士"。[7]1868年，文璧受美国长老会海外宣教总部委派到中国宣教，同年，抵达北京。1871年，在"到北京以外的地方去"的情感催促下，他来到了济南。[8]因为中国人都不愿意出售或租赁给他房屋，文璧不得不住在一家小客栈。同年10月，他出席了在烟台召开的山东北京差会会议。[9]10月11日，山东北京差会通过了影响济南作为一个布道站未来的三项重

---

4 《对外关系》第1卷（1873年），第119页。

5 所谓《柏德美协定》，是法国驻华公使柏德美与中国总理衙门商定的关于天主教传教士在中国通商口岸以外的内地购置土地、房屋办法，并没有相应的具体协定条文，只有总理衙门照会一件。该照会内容如下：

本王大臣兹将天主教堂公产一事所作决定知照贵大臣：嗣后法国传教士如入内地置买田地、房屋，其契据写明"立文契人某某（此系卖产人姓名）卖于本处天主教堂公产"字样，不必专列传教士及奉教人之名。本王大臣已咨行江苏省李照办。该函抄件附上，即希查照为荷。

6 韦廉臣前揭书，第1卷，第102、103页。

7 李提摩太前揭书，第58页。

8 法思远前揭书，第185页。另可参见文璧1871年6月10日在济南写的一封未刊信函。

9 就目前所知，无论是山东北京差会，还是独立的山东差会或北京差会，1871年之前都没有会议记录。是否是因为文璧牧师到济南开辟工作，北京、登州、烟台三个差会结合为一体成立了北京山东差会，不得而知。事实是1881年之后，北京差会

要动议。其一，"决定我们作为一个差会诚挚地赞同由文璧先生开辟济南布道站，并承诺给予支持，为其祷告鼓励；只要我们有机会，要尽个人所能帮助他开展工作。"其二，"决定向总部提出建议，批准文璧先生调往济南府；此后将该城市作为山东差会的一个布道站，尽快派遣一位医药传教士和其他传教士到那里加强和扩展这一布道站。"其三，再进一步，"决定赞同一旦通向济南的道路开通，隋斐士（Crossette）先生即投身参与文璧先生在济南的工作。"[10]

然而，不到一年，文璧先生觉得有必要回美国去恢复身体，但 1873 年他又回到了济南工作。[11]虽然 1871 年山东北京差会会议决定隋斐士牧师和隋斐士夫人一旦济南打开局面，即立即参与文璧先生在那里的工作，但他们直到 1875 年才陆路旅行十一天抵达济南，[12]这样一来，隋斐士夫妇便成了长老会在山东省城济南定居的第一个传教士家庭。

在山东北京差会 1873 年备忘录中，隋斐士的名下标注是"来自济南"，但在 1875 年备忘录中，却注明他"来自登州"，而这一次会议的秘书是文璧。由于没有 1877、1878、1879、1880 年的山东北京差会备忘录，而且济南布道站在 1885 年之前没有记录，因此济南布道站的早期历史，大部分成了不解之谜。[13]

空缺几年后现存最早的差会备忘录是 1881 年的，这一年 10 月，山东北京差会在济南召开会议，而济南布道站的创立者文璧，却在享有回报的这一年 2 月去世了。文璧在去世前不久"为在济南购买一座小教堂"捐献了 5,000 墨西哥洋，[14]这份礼物以"文璧账户资产（1880 年 4 月）"名义登记在济南布道站收支总账

没有再派代表参加山东差会会议，这一年，文璧去世了，这就提出了一个问题：即怀疑文璧是北京差会与山东差会之间联合的焦点。

10　《山东北京差会备忘录（1871-1883 年）》（*Shantung and Peking Mission Minutes*，1871-1883）第 1 卷，第 5 页，三项动议。1871 年 10 月山东北京差会开会时，隋斐士牧师和隋斐士夫人是登州布道站成员。

11　《美国（北）长老会差会工作记录》，第 13 页。

12　虽然隋斐士夫人自己在 1912 年写道，他们在 1876 年秋天加入了济南站(参见法思远前揭书，第 186 页)，但 1875 年 12 月的《教务杂志》载有以下新闻："美国长老会的 J.F.牧师和隋斐士夫人于 11 月 5 日抵达济南府，以加强文璧先生的工作。"(第六卷，第 441 页)显然，根据这些早期的证据，1875 年必定是隋斐士夫妇到达济南的年份。

13　山东北京差会 1876 年备忘录（中断前最后一年的备忘录）与 1881 年备忘录（中断后开始有备忘录的第一年）以及 1882、1883 年备忘录都在山东差会，这一事实使人想到，缺失的四年备忘录是否是会议在北京举行，那些备忘录像其他资料一样，在拳匪之乱中被毁掉了。

14　《山东北京差会备忘录》，1871-1883 年，第 73、74 页。

A 部。[15]由于患了"一种精神完全崩溃症"，隋斐士也没有在济南工作很久，1879年就去世了；但是，到文璧去世时，长老会布道站已经奠定了永久性基础。[16]

三、1876-1877 年：大饥荒——基督教的一个机遇

在过去几个世纪，山东一直不断发生大饥荒。[17]山东北长老会第一次经历这样的灾难是 1876-1877 年大饥荒。由于 1876 年春天和夏季严重干旱，夏粮和秋粮颗粒无收，结果造成了 1877 年春季山东大面积饥荒，青州是这次灾荒的中心，估计仅山东省就有一百万人死于这场饥荒。[18]

像饥荒这样的灾祸，往往对传教士传布福音有重要帮助，在这样的时候，他们有更多机会向人们宣讲并用实际行动向人们展示基督教的人性旨趣。由于 1876 年山东北京差会备忘录缺失，我们不知道饥荒中这个差会是否进行过有组织的行动，虽然狄考文日记手稿以及倪维思的日记都没有留下关于这方面的记载，但倪维思夫人的倪维思传记还是有所记述，能够说明山东北京差会在这次灾荒中没有采取有组织的行动。不过，倪维思本人花了五六个月（1877年 2 月至 6 月或 7 月）时间，从事广泛的赈灾活动。

1877 年 2 月，面对令人惊骇的痛苦灾难，倪维思开始确信必须要在他的教区做些赈济工作，他去青州找英国浸礼会的李提摩太商量赈灾，李提摩太这时已经开始进行赈灾工作了。他们两人同意划分灾区，分头进行，以免重复，并做出了向国外募捐、拓展人道主义事业的计划。[19]

倪维思在高崖（Kao-yai）设立了自己的赈灾总部，高崖是个市镇，距他自己的布道站烟台二百英里，在潍县西南三十五英里、青州东南二十五英里处。

---

15 《济南布道站收支总账"A"》（*Tsinan Station Ledger "A"*），第 65、85-86、103-104 页。

16 李提摩太前揭书，第 60 页。

17 文学士谢立三（Alexander Hosie, M.A.）利用《古今图书集成》（"*T'u Shu Chi Cheng*"）编辑了一份表格，列出了中国公元 620 年至 1643 年发生的历次饥荒。在这份饥荒列表中，山东发生了五十八次，其中二十五次为严重饥荒。参见《英国皇家亚洲文会北华支会会刊》，第 12 卷（1878 年），第 55-89 页。

18 福斯特前揭书，第 176、177 页。灾荒期间，德马驰（DeMarchi）神父从位于青州南面十五英里的临朐发的报道说："在我前去赈灾的一个异教徒村庄，除了两位特别老的老太太，所有异教徒成年妇女以及男孩和女孩都卖掉了。不仅有数千人死于饥饿，还有数千人死于斑疹伤寒，以至于没有人种地了，大量土地因此弃耕。"见《北华捷报》1877 年 7 月 14 日，第 40 页。

19 倪维思夫人：《倪维思传：中华宣教四十年》，第 318 页。

他估计在主要灾区，有近 10% 的人饿死；很多人拆掉了房屋上的木头，劈成柴火，走两三天的路到市场上卖五百个制钱，或者说是五十美分。六七岁的女孩，卖价一到两银元；十到二十岁的女孩，卖三到五个银元。[20]

在这次震灾中，倪维思共散发了一万元（大概是美元），[21] 帮助了 383 个村庄的 32,539 人。在这次赈灾工作中，做为传教士，倪维思从未忘记从精神上救助；他自己写下了这样一段话："我的赈灾工作从一开始就融入了宗教成分。所有与我的赈灾总部有关的当地人，每天都参加早祷和晚祷，而且我们每个礼拜天都做特别宗教礼拜。做了大量的讲道工作，散发了很多书籍。散发钱，努力赈灾，都看作是基督教的自然结果。通过散发钱和赈灾，可以引导很多人探寻真理，一些先前感兴趣的人则鼓起勇气承认他们信仰基督教了。"[22] 高第丕牧师从教会的视角证实了赈灾工作的价值，他说："山东中部赈灾工作之后，基督教会有了巨大收获。"[23] 李提摩太发现，在饥荒的中心地区，人们自发组织起了一些主日学校，中国基督徒在这些学校教导慕道友，听他们背诵教理问答和赞美诗。[24]

四、山东长老会的发展与分区

由于基督教运动向内地扩张以及基督徒数量的增多，山东长老会区会更具活力和生机。1871 年，山东长老会区会在烟台召开，推荐四名中国人学习做神职工作。[25]1883 年，山东长老会区会向大会报告说，本年山东长老会共吸收教徒 672 名，几乎是长老会进入山东以来前此历年吸收教徒总数的一半。[26] 还报告说，山东长老会在全省各地共有 127 个宣教点，已采取措施开办一所神学学校。翌年，即 1884 年，山东长老会区会报告说是年施洗 418 名。这一数字少于预期，数量比上年减少的主要原因，据说是因为爆发了中法战争。报告指出，有些地方发生了严重迫害事件，导致有人退出了教会，而另一些人由于

---

20 倪维思夫人：《倪维思传：中华宣教四十年》，第 319 页。
21 1877 年 5 月 3 日，倪维思先生写信给他的妻子说，他带领满载制钱的手推车离开了安丘（参见倪维思夫人《倪维思传：中华宣教四十年》，第 325、326 页）。制钱是那时中国使用的最小单位辅币；如果按当时汇率兑换美元的话，需要十七点五磅制钱。
22 倪维思夫人：《倪维思传：中华宣教四十年》，第 329 页。
23 福斯特前揭书，第 177 页。
24 李提摩太前揭书，第 106 页。
25 《山东（北）长老会区会备忘录（中文）》，第 25、26 页。
26 《山东（北）长老会区会备忘录（中文）》，第 120、121 页。

害怕受迫害不敢加入教会。这一年的报告内容中令人鼓舞的是差会学校有 464 名在校生，登州的学校，现在是学院，有 70 名在校生。[27]

与此同时，正如所预期的一样，在这一时期的向内地渗透过程中，美国北长老会与英国浸礼会"宣教地区毗连，在某些地区还出现了宣教地相互交错的情况，而且在本地工作人员中产生了某些误解和互相嫉妒情绪。"[28] 这一局面的结果，导致了 1885 年长老会区会投票表决长老会与浸礼会交换益都和临淄的信徒，由倪维思前去说服长老会教徒加入英国浸礼会，同时，英国浸礼会的仲钧安（Alfred G.Jons）牧师前往说服寿光、昌乐和安丘的浸礼会信徒加入美国北长老会。[29] 同年，即 1885 年，长老会山东区会报告说为 145 名信徒施行了洗礼，发现有一名长老勒索钱财，起因是由于基督新教在法庭的案子输了，很多当地人转向了天主教会。翌年，即 1886 年，备忘录记载自上一次会议以来，施洗信徒 113 名，开除 128 名。[30] 很可能是这样的局势促使倪维思写道："1886 年在潍县召开的长老会山东区会和差会会议，也许是长老会山东差会史上最令人沮丧的会议。基督教在山东内地各处的发展，似乎进入了停滞状态。"[31] 然而，尽管局势暂时令人失望，基督教运动迅速传遍了全省各地，致使长老会山东区会的责任迅速增多起来，结果，1896 年组建了长老会济南区会，1898 年又组建了潍县区会，长老会山东区会的职责仅局限于山东东半部地区了。[32]

五、1876 年：登州的粗野军人

1876 年，一位英国领事马嘉理（Augstus Raymond Margary）于 1875 年 2 月 21 日在云南蛮允（Manwyne）地方被中国人杀害的事件，引起了传教士们的不安，登州显得尤其严重。考虑到有可能爆发中英冲突，许多士兵被派到了登州，其中有些就是原来的"叛乱者"，他们不管走到哪里，"只要碰到了传教

---

27 《山东（北）长老会区会备忘录（中文）》，第 130-132 页。

28 倪维思夫人：《倪维思传：中华宣教四十年》，第 424 页。接下来倪维思夫人还继续介绍说，倪维思博士是一个实施某些交换的"联合委员会"成员；这似乎是第一次在"山东美国长老会与英国浸礼会安排宣教区域划分及工作合作"方面做出的成功努力。参见该书第 424 页。

29 《山东（北）长老会区会备忘录（中文）》，第 141 页。

30 《山东（北）长老会区会备忘录（中文）》，第 157 页。

31 倪维思夫人：《倪维思传：中华宣教四十年》，第 426 页。

32 《美国（北）长老会差会工作记录》，第 78 页；另见《山东差会备忘录》（*Minutes of the Shantung Mission: 1890-1895*），第 151 页。

士，就尽情地羞辱，每天都找传教士们的麻烦。"[33]这不禁使人们想起了"天津屠杀"时期那些灭绝"夷人"的谣传，有一些士兵相信他们就是为了这个目的来的。每当外国妇女访问中国家庭的时候，士兵们就会跟在她们后面大喊大叫，这些兵痞找机会与差会学校的那学生们争吵，不时地羞辱在教堂做礼拜的中国妇女和姑娘，傲慢无礼地闯入传教士住处的院子里。有个星期天，狄考文不在，一大群士兵声称它们受到了长老会学校学生的侮辱，来到了文会馆（"college"），实际还是一所高级中学，砸烂了门，捣毁了窗户，毒打了一些中国人。最后一位中国官员过来平息了这场初期的暴乱。[34]

这种排外情绪，在英国的威托马和中国的李鸿章 1876 年 9 月 13 日在烟台签订《烟台条约》解决了马嘉理事件之后，缓和多了。[35]

六、1883 年：开辟潍县布道站

长老会山东差会发展历程中相当重要的一步是潍县新布道站的开辟。[36]潍县地处几条官道的交叉点，是一座非常重要的商业城市，或迟或早，必定会成为差会工作的中心地。[37]

第一个访问并进入潍县的新教传教士是韦廉臣，他既是苏格兰联合长老会的代表，又是苏格兰圣经会的代表。[38]根据他的妻子伊萨贝·威廉森（Isabell

---

33　福斯特前揭书，第 173 页。

34　我们的权威信息是亲眼目睹整个事件的高第丕牧师的叙述。参见福斯特前揭书，第 173、174 页。

35　马士：《中华帝国对外关系史》，第 2 卷，第 290、301、302 页。另可参见海关：《中外约章》第 1 卷，第 491-499 页《烟台条约》文本。

36　在文理学院（the College of Arts and Science）迁移至济南前一些年间，潍县是美国北长老会在中国最大的布道站。"Weihsien"（潍县）这个名称，外国人有很多种拼写方法，笔者这里使用的是中国邮政拼写法。译者按："文理学院"是山东北长老会内对山东基督教大学即后来的齐鲁大学潍县学校的称呼。与英国浸礼会合作创办山东基督教大学时，计划下设三个学院，文理学院以登州文会馆为主，与青州英国浸礼会的广德书院本科班合并，地点设在潍县；医学院是以原本就在济南的共和医道学堂为基础，地点设济南，神学院以青州浸礼会的保罗培真书院为基础，仍设青州。在来华传教士或西人著述中，凡正式提到这所学校的名称时，无一例外为 "the College of Arts and Science"，即（山东基督教大学）文理学院；当时中国人因为是广德书院本科班与登州文会馆合并，习称在潍县时期的山东基督教大学文理学院为"广文学堂"，稍后又有人称"广文大学"。

37　法思远前揭书，第 91 页。

38　伟烈亚力前揭书，第 238、239 页；阿姆斯特朗前揭书，第 147 页。

Williamson）夫人的记述，当韦廉臣出现在潍县城城门的时候，经历了下述戏剧性的场景："人们惊慌失措，整座城市都激动起来，老人们聚集到了一起。"

"告诉他，他不能进城。"

"他说他要进来。"

"告诉衙门，把城门看好。"

"他说士兵是皇帝的兵，他有皇帝谕旨，让在山东全省旅行，他现在要到潍县，潍县是山东地方。"

"操家伙，守好城门。"

"就这么办。"

"可是，这位外国人一声不吭地进了城门，走进了大街。士兵们手握长枪，眼睛紧紧盯着这位留着胡子、手里拿着帝国护照的高个子外国人，跟在他身后。"[39]这就好像说是耶利哥（Jericho）城墙坍塌了。[40]我们把韦廉臣夫人上面的描述同韦廉臣自己关于他"上一次"访问这座城市的说法做一比较，他说当时有一位官员试图阻止他进城，城门外站着两队士兵，这位官员"命令百姓不许买书，违者处以鞭刑"。毫无疑问，韦廉臣夫人把自己的丈夫描绘成了一位英雄。[41]要确定韦廉臣这次引人注目的进城时间的确切日期，并不是容易的事，虽然知道他似乎是在"穿越山东南部和中部地区时"进入潍县县城的，这次在山东南部和中部地区的旅行，始于 1867 年 3 月 7 日。[42]

数年之后，苏格兰联合长老会在潍县设了布道站，李提摩太说，他 1874 年在潍县与"苏格兰长老会的麦金泰尔（MacIntyre）牧师先生"呆了一天，[43] 倪维思说麦金泰尔在潍县城里生活了两年。[44]

---

39 韦廉臣夫人前揭书，第 57 页。

40 1866 年，狄考文和郭显德到山东中部地区旅行散发书籍；狄考文在其日记（参见《狄考文日记（手稿）》，第 3 卷，第 67 页）写道："没有进入潍县县城，只经过了潍县郊区。"这似乎说明韦廉臣是第一个带着帝国护照进入这座保守城市的外国人。

41 韦廉臣前揭书，第 2 卷，第 246、247 页。

42 韦廉臣前揭书，第 1 卷，第 408、409 页。

43 李提摩太前揭书，第 62 页。

44 倪维思：《差会工作方法》（Methods of Mission Work），第 29 页。
   苏格兰圣经会秘书长启思蒙（Robert F. Chisholm）牧师在给笔者的一封信中，提供了下列摘录的资料，这些资料是从该会的年度报告中摘取的：

随后，当 1876-1877 年大饥荒爆发时，倪维思在潍县西南的高崖这一救灾中心赈济了约 3,000 人，这一工作收获了很多慕道者和皈依者，增加了长老会在这一地区的利益。1879 年，郭显德重访这一地区，1881 年 10 月 18 日，山东北京差会推荐"尽快在潍县设一新布道站"。[45]然而，值得注意的是，倪维思反对在潍县开辟新布道站，理由如下：

1. 现有布道站继续加强，首先应满足加强这些布道站工作的需要。

2. 如果要加强已有布道站工作的话，其他省份比山东更急切地需要派新传教士去，要加强已有布道站工作的那些省份，包括美国北长老会在内，有九个差会在开展工作。

3. 潍县的工作，由烟台来做效果也一样。

4. 如果要开辟一个新布道站，应该在沂州附近，而不是在潍县。因为沂州的人口和商业，倪维思继续争辩说，与潍县完全相当。此外，"长老会现有任何其他布道站离那里都太远，而潍县在英国浸礼会青州布道站四十英里范围内，一些其他布道站和教会距潍县仅二十英里。"（参见倪维思夫人：《倪维思传：中华宣教四十年》，第 300、400 页。）

1882 和 1883 年，山东长老会和英国浸礼会召开了各种会议进行磋商，正如山东北京差会备忘录所显示的，倪维思考虑的英国浸礼会及其工作的问题，还是切中要害的。

山东长老会 1882 年 11 月在登州召开的年会上，对 1883 年在潍县开辟布道站一事进行了评估，但很显然并没有通过，也没有向海外宣教总部报告，因为是年的备忘录只记载了对烟台、登州和济南的评估情况。[46]

在面临巨大困难和当地中国人颇不友好甚至敌意的情况下，良约翰（Laughlin）牧师和良约翰夫人、狄乐播（Mateer）牧师和狄乐播夫人于 1883

1871 年：韦廉臣博士建议利莱（Lilley）先生和莫雷先生（Murray）未来某个时间在潍县设立总部。

1872 年：莫雷先生在独自主持潍县布道站工作九个星期后，离开时极力推荐这个地方，说他非常适应这里，在他和利莱先生离开这座城市之后，收到了礼物，获得了确有保证的尊重和好评。

1882 年：最后一次提及麦金泰尔。

启思蒙先生在信中作出结论说，关于麦金泰来先生必定是在 1875-1879 年间离开了潍县，但我们不能确定他离开的具体日期。

45《山东北京差会备忘录》（1871-1883 年），第 70 页。
46《山东北京差会备忘录》（1871-1883 年），第 92-96、118-120 页。

年开辟了潍县布道站，[47]良约翰牧师作为潍县布道站的代表，出席了是年（1883年）的差会年度会议。山东长老会差会现在有了四个布道站：登州、烟台、济南和潍县。

七、1889-1890 年：山东饥荒

前面我们已经指出，饥荒往往为传教士铺出一条传布福音的平顺之路，饥饿的人们愿意聆听传教士的祝福。传教士们经历的早期饥荒情形，1889-1890年再次出现，这一次是山东西北部发生了严重饥荒。与上一次 1876-1877 年大饥荒中传教士官方没有作为的情况完全不同，这一次传教士官方面对再次发生的灾祸，组建了一个"山东基督徒赈灾委员会"（Committee on Famine Relief for Christians in Shantung），后来成为山东长老会差会"山东饥荒赈济委员会"（Shantung Comittee on Famine Relief）。[48]另外还组建了一个"山东饥荒救济委员会"（Famine Relief Committee for Shantung），向英国、美国以及中国南方各通商口岸呼吁募捐，至少募集了200,000 美元。[49]"山东传教士大多数放弃常规宣教工作而投身"到饥荒救济事务；"有些传教士的夫人也跟随丈夫外出救灾，她们收拾家务、帮助通信联系和记录账目，照料病人、孩子和前来求助的妇女，在紧急情况下，参与注册登记。"[50]

狄考文和他的妻子也参加了这次救灾工作，[51]他们以幸福村为驻地开展工作，[52]幸福（Hsing Fu）村位于青州西北三十英里处，或者说位于济南与兖州

---

47 郭显德博士在 1913 年写道："1881 年在济南的一次会议上，表决通过向海外宣教总部建议新派七名传教士来潍县开辟布道站，那里已经有少量基督徒了，是一个非常有发展前途的宣教地。"参见《美国长老会差会工作记录》，第14页。不过，现存该年度备忘录却是这样记录的："我们建议新派两名传教士来加强济南府布道站，尽快开辟潍县布道站，为达成这两个目标，请总部派立即派七名传教士。"参见《山东北京差会备忘录》（1871-1883年），第70、71页。

48 《北长老会山东差会备忘录(1890-1895年)》（*Minutes of the Shantung Mission, 1890-1895*），第39、40页；45页。

49 费丹尼前揭书，第288页。

50 《教务杂志》第21卷（1890年）第18、19页。狄考文夫人在一篇署名"狄邦就烈"（"J.B.M."）题为《饥荒救济工作追忆》的文章中，对妇女救灾工作给予了生动详实的描述。

51 参见费丹尼前揭书，第289页，他引述狄考文的话说："这是我一生中最艰难的工作。整天看着长长不间断的饥民队伍，被他们恳求登记上他们的名字，总是登记不完，神经极度紧张。"

52 狄考文：《抄写簿》（Copy Book），第5卷，第332-335页。狄考文的正常《日记》，

之间的小清河口处。据狄考文夫人提供的资料，他们救助了近四百个村庄的
50,000 饥民。[53]

大量成年男女、孩子饿的不得不吃谷糠、杂草根和杂草籽、树皮、小麦叶
子。当这些饥荒受害者每天面对死亡时，发现外国人正在为了它们能活下来而
在发放救济品，大多数人开始准备并渴望听听外国人的宗教是怎么回事，"这
种宗教的教师们正在做大量善事。"[54]结果，传教士们做礼拜，"星期天来的人
太多了，我们无法为他们提供那么大的地方，只好在安息日不做公众讲道了。"
[55]作为此次赈灾工作"这一应用基督教"的结果，"数百人加入了教会。"[56]

八、1890 年：开辟沂州

倪维思博士 1881 年反对开辟潍县时，曾表示如果要开辟一个新布道站，
应该是沂州。在他表达这一意见之后不到十年时间，沂州和济宁都成了美国长
老会布道站。

现有资料表明，韦廉臣 1867 年穿越山东中部和南部的旅行是基督新教
传教士第一次访问沂州，在这次旅行中，有"米尔斯"（"Mr.Mills"）先生至
少陪他走了一段旅程，[57]他们二人（1867 年）3 月 25、26 日就是在沂州度
过的。[58]韦廉臣描述沂州是一座大城市，南北两条大街上，有很多大商铺，

截止于 1876 年底，此后，狄考文的差会信函、报刊文章、仪器订单以及类似信件，
都收录在他称之为"抄写簿"里。尽管"抄写簿"里有些有意思的资料，但比他
的日记的价值要少得多；一位狄考文的年轻同工后来在 1937 年告诉我说，他肯定
狄考文的一部分日记被有意毁掉了。

53　《教务杂志》（1780 年），第 21 卷，第 25 页。

54　《教务杂志》（1780 年），第 21 卷，第 25 页。

55　《教务杂志》（1780 年），第 21 卷，第 26 页。

56　费丹尼前揭书，第 290 页。

57　韦廉臣前揭书，第 1 卷，第 412 页。这里的"Mr. Mills"，伟烈亚力断定就是长老
会登州布道站的梅理士牧师，他（在 1867 年出版的书中）只列出了一位 Mills，
那就是登州的一位长老会传教士 C. R. Mills（梅理士）。
参见倪维思夫人：《倪维思传：中华宣教四十年》，第 338 页摘录的倪维思日记表
明，一位苏格兰圣经会的代表罗伯特·利莱（Robert Lilley）先生，1873 年或 1874
年花数周时间在沂州出售圣经。倪维思本人第一次访问沂州似乎是在 1877 年。

58　韦廉臣前揭书，第 1 卷，第 426、427 页。韦廉臣和梅理士在进入沂州城的前一天
（3 月 24 日，星期天），是在一个乡下村庄里度过的，从邻居那里听说，1861 年
在烟台近郊珠玑杀害花雅各牧师和帕克牧师的"捻匪"们的消息。"他们告诉我们
说，沂州府的官员们为他们过往的玩忽职守赎罪，把从前那些劫掠者从家里拖出
来，杀了 100 名。"

这表明沂州拥有良好的地区商业，但还没有大规模散发性贸易。[59]他发现城墙很高，很壮观，修砌得很好。他说城南郊区很大，有一座清真寺，几百户穆斯林家庭。韦廉臣补充说，沂州城附近地区有丰富的煤矿资源，沂州位于从北京经过清江浦到苏州的一条官道上，到了清江浦，旅行者到南方各地需乘船过江。[60]

北长老会山东差会对可能在沂州立足的兴趣逐渐增强，在 1884 年的山东北长老会差会会议上，通过了以下动议："兹决定，我们要求美国北长老会海外宣教总部授权在沂州府或山东南部某个其他地方新设一中心布道站；要明确这一新设中心布道站应在济南府所需人力配齐之后再行设立。"[61]然而，1885 年，"设立沂州新布道站委员会"（Committee on the Establishment of a New Station at Ichow）报告说海外宣教总部反对新设任何布道站，事情暂时搁置。

这期间发生了什么事情致使海外宣教总部改变了立场，现有资料无从得知，但 1889 年 9 月 30 日山东北京差会会议委派纪力宝（C.A.Killie）先生、伊维廉先生（W.O.Elterich）和章嘉礼（C.F.Johnson）医生与夫人们一起前往沂州。[62]在 1890-1891 年的差会会议上，通过了对沂州的评估，并报告了海外宣教总部，但却决定委派"现有"纪力宝先生和纪力宝夫人到登州；章嘉礼医生和夫人去潍县；伊维廉先生和夫人赴登州。这些临时性委派很可能意味着海外宣教总部并没有正式批准开辟沂州布道站，或者是沂州那里暂时没有可供新委派的传教士们合适的住处。

沂州布道站实际上是由纪力宝牧师、伊维廉牧师和章嘉礼医生开辟于 1890 年，"和他们的妻子一起，传教士们起初住在沂州南郊非常简陋的中国人的房子里，……。"[63]

九、1891 年：济宁布道站的建立

尽管北长老会信徒通常都说他们是在 1891 年或 1892 年永久性拥有了济宁，但是，早在 1877 年，文璧牧师就到那里工作了；文璧 1877 年 2 月 8

---

59 韦廉臣前揭书，第 1 卷，第 428 页。
60 韦廉臣前揭书，第 1 卷，第 429 页。
61 《山东北京差会备忘录（1884-1889 年）》第 19 页。
62 《山东北京差会备忘录（1884-1889 年）》第 128 页。
63 法思远前揭书，第 236 页。

日在济宁发出的一封信函清楚地说明了这一点。[64]根据济南布道站的未刊收支总账"A"中极少的资料，济宁是济南布道站的一个分站，由文璧有时间住在那里时专门照料监管。这份收支总账中的账目证明，1877 年济宁长老会众有一座小教堂；1878 年，济南的莫约翰（John Murry）牧师从济南布道站司库那里提取十点一三元，去济宁看望文璧牧师。除此之外，这些账目还显示，1883 年，济南布道站在济宁开办了一所女校，1885 年开办了一所男校；另外，账目显示 1877-1889（包括 1889）年间，济南布道站为济宁分站支付那里的房租。[65]

文璧虽然在 1881 年 2 月 2 日去世（年仅三十二岁），但他在 1877 年离开济南后在济宁花了大量时间。[66]他去世以后，他的工作由当地中国人负责，济南的外国传教士监管，直到济宁设立布道站。[67]

在 1889 年（11 月 27 日-12 月 6 日）山东北京差会年度会议上，表决委派洪士提反医生到济宁工作，李佳白（Gilbert Reid）牧师做助手。[68]下一次在潍县召开的即 1891-1892 年（10 月 25 日-11 月 6 日）山东差会年度会议上，评估通过了济宁总计 4,495 元墨西哥银元的费用。[69]

1890 年，洪士提反在济宁租了一所中国人的院落，但这一租赁行为引发了当地百姓的敌意。泰安美国美以美会的刘海澜（H.H.Lowry）牧师听说济宁的局势非常紧张，写信给济南美国北长老会说，"为了夺回山东北长老会洪士提反医生租赁的房屋"，一场暴乱迫在眉睫。[70]北长老会山东差会指派李佳白"立即赶往南贾庄（Ngan Chia Chuang），尽可能快地找到洪士提反，

64　罗马天主教明代似乎在济宁有一座教堂，1680 年帕斯卡（Augustin de San Pascaul）重建了济宁教堂。1680 年，"特派员"（"Comisario"）纳瓦罗（Navarro）报告说，济宁有大约 1,100 受洗信徒。参见麦斯《中国信函》第二辑（Maas, *Cartas de China*, Segunda Serie），第 153、154 页。

65　《济南布道站收支总账"A"》（未刊），第 5、25、27、29、33、35、41、45、102、110、120、134 页。

66　文璧一些涉及范围广泛的来自济宁的信函显示，他具有相当独特的个性。参见附录二中五份写给济南洪士提反（Stephen A. Hunter）的完整信函，洪士提反的女儿洪安娜（Anna A. Hunter）小姐友好地将这些信函抄录给笔者，谨致谢意。

67　《济南布道站收支总账"A"》中相关内容。

68　《山东北京差会备忘录（1884-1889 年）》，第 127 页。

69　《山东差会备忘录（1890-1895 年）》第 34 页。

70　《济南布道站备忘录（1885-1889 年）》（*Tsinan Station Minutes*, 1895-1899），第 72 页。

通知他这个消息。"[71]李佳白遵命前往。然而，暴乱促使洪士提反离开济宁回到了济南。[72]

济宁这一次暴乱是一次非常严重的事件，1890 年差会年会后到 1891 年年会召开之前这段时间，北长老会山东差会通过采取下列行动的事实，就证明了这一点：

1. "鉴于洪士提反夫人的健康原因以及目前济宁尚不能设立布道站的情形，"准予洪士提反一家回美国度假。[73]

2. "鉴于蓝先生遭受济宁州暴乱身体欠佳，"亦准予蓝（Lane）先生一家回美国度假。[74]

3. "鉴于委派隋斐士夫人去工作的济宁州目前尚不能设立布道站，改派隋斐士夫人去潍县。"[75]

李佳白曾被委派到济宁帮助工作，他临危不惧，在没有山东差会或海外宣教总部授权的情况下，购买到一块济宁的土地，很显然，成功地在近来发生暴乱的济宁开展工作有了坚实的基础。[76]1891 年长老会山东差会会议决定：良约翰牧师和良约翰夫人转移至济宁工作；要求范（Van Shoick）大夫"尽可能快地"前往济宁，写信通知洪士提反医生"希望他能够早日确定返回济宁的日期……。"[77]这些决定似乎倾向于证实方韦廉（W.P.Chalfant）的陈述："1891 年

---

71 《济南布道站备忘录（1885-1889 年）》（*Tsinan Station Minutes*, 1895-1899），第 72 页。

72 作为受害者之一，洪安娜小姐生动地描述了济宁这场暴乱。

73 《山东差会备忘录（1890-1895 年）》，第 37 页。（自北京的工作不再是山东差会工作一部分了之后，"北京"一词就没有再出现在北长老会山东差会备忘录这一名称里。）

74 《山东差会备忘录（1890-1895 年）》，第 37 页。尽管洪士提反小姐在她的描述中只提到了洪士提反一家人的情况，但长老会山东差会的记录十分明确地显示蓝先生一家 1890 年济宁暴乱时也在那里。

75 《山东差会备忘录（1890-1895 年）》，第 37 页。

76 《山东差会备忘录（1890-1895 年）》，第 46 页。根据罗密阁（Harry G. Roming）的记述，李佳白是从鸦片吸食者手中购买的土地。"要继续吸鸦片烟就需要钱，这使得土地所有人愿意忍受迫害，易于出售自己的土地给'外国鬼子'。出卖土地之后，就待在家里继续吸食这种麻醉剂。这些人都属于绅士家庭，李佳白觉得他工作的着手处就是这样的绅士……。李佳白博士自己做主在济宁花一大笔钱购买土地，为的是能谒见在山东镇压捻军的李鸿章。不仅是鸦片能让一些绅士出卖土地，在有些情况下，一些贪心的和尚也会出卖属于寺庙的不动产，卖掉不动产之后，他们就可能逃到一个无人知道的农村地方，享受他们不忠的果实，而传教士则获得了转移一个大国宗教取向的支点，在宣教早期获得这样一笔财产，那可是一项不小的业绩。"罗密阁：《济宁布道站历史》（Roming, *Tsining Station History*），第 9 页。

77 《山东差会备忘录（1890-1895 年）》，第 46 页。

确定开辟济宁布道站。"[78]

十、1894-1895 年：中日战争

　　第一次中日之间的战争，尽管曾不幸地逼近烟台和登州，但并没有对北长老会山东差会工作产生实际性的影响。然而，这次战争却引发了一系列改变中国现代历史进程的前因和后果。败于西方列强已经够狼狈了，但还无法同败于一个东方的邻居相提并论。此外，这次战争的失败，引起了西方列强疯狂抢夺租借地、各种特权以及对华贷款，严重损害了中国的利益。

　　这次中日之间的战争，主要原因是由中国数世纪以来的一个属国朝鲜引起的。1894 年，袁世凯（Yüan Shi-K'ai）在没通知日本的情况下，派军队进入朝鲜。[79]7 月 5 日，日本"浪速号"（Naniwa）巡洋舰击沉了中国政府租用的英国商船"高升号"（Kowshing）运兵船，该船是向朝鲜运送增援部队的。[80]日军在此两天前已经占领了朝鲜国都汉城（Seoul），因此，英国外务部认为中日战争爆发于 1894 年 7 月 23 日，尽管直至 8 月 1 日才宣战。[81]

　　日军在取得了鸭绿江海上战役的胜利和攻占了旅顺港之后，开始向南进入山东。1895 年 1 月 18、19 日，三艘日本战舰炮轰登州，随后海陆军发起对威海卫的全面进攻。[82]日军在海陆两个战场取得了完全胜利。在中国人看来，为了挽回声誉，负责北洋舰队的海军提督丁汝昌、他的副手刘步蟾（Liu Jü-chang）、[83]陆路指挥官负责刘公岛炮台的张德山（Chang Ta-san）以及他的副手戴（Tai）将军自杀了。1895 年 2 月 12 日，尚存的一处炮台和一艘铁甲舰、四艘巡洋舰投降。[84]战争结束，只待签署和平协议。

　　1895 年 4 月 17 日，《马关条约》（the Treaty of Shimonoseki）签订，5 月 8 日在烟台山附近至今可俯瞰烟台全城的一座建筑上交换了批准书。条约承认

78　法思远前引书，第 236 页。
79　误，袁世凯当时担任中国"驻扎朝鲜总理交涉通商事宜大臣"，并无派兵权。不过，有资料表明，当朝鲜东学党起事后，袁世凯曾暗示朝鲜向清政府请求派兵助剿。清政府派兵至朝后，知会了日本政府，而日本此时也派兵入朝，双方约定事后共同撤兵——译者注。
80　马士：《中华帝国对外关系史》，第 3 卷，第 24 页。
81　马士：《中华帝国对外关系史》，第 3 卷，第 25 页。
82　马士：《中华帝国对外关系史》，第 3 卷，第 39 页。
83　此处人名拼写与实际不符，据中文资料汉译——译者注。
84　马士：《中华帝国对外关系史》第 3 卷，第 40 页。

朝鲜独立，台湾（Formosa）、澎湖列岛（Pescadores Islands）、辽东半岛割让给日本，中国赔偿军费。然而，在条约批准之前，德国、法国、和俄国逼迫日本将辽东半岛交还给中国。[85] 在这种情况下，日本答应了，但这一答应含有深深的怨恨，种下了日本此后在中国一系列行为的种子。

中日战争期间，美国驻烟台代理领事唐纳利（R.A.Donnelly）认为山东内地传教士应该从各自的布道站撤离。美国战舰"约克镇号"（Yorktown）多次沿山东海岸航行，接送各地传教士，郭显德写信给唐纳利，表示希望沂州和潍县的传教士能撤至烟台。[86] 沂州的传教士至少是女士们打算离开沂州，[87] "约克镇号"被派去接他们到胶州湾，但是，拉尔森（Anna Larson）医生突患肺炎，沂州的传教士都困在了那里。[88] 潍县布道站的母亲、孩子及单身女士，被某艘舰艇很可能就是"约克镇号"接到了青岛（胶州湾）附近的一个地方。费习礼（J.A.Fitch）牧师和方法廉（F.A.Chalfany）牧师护送潍县布道站的撤离人员到海边登舰之后又回到了潍县。狄乐播夫人那时在美国，丈夫狄乐播留在潍县，因为他认为只有布道站大院里有几个传教士住在那里，过往士兵才不会拿走布道站的财物，后来发生的事情充分证明了他的决定是对的。[89] "士兵们没有进入我们的房屋，他对他们表示他清楚他们不会抢劫任何房屋。他们假装认为我们有一门大炮，从我们这里取走个鸡蛋炉，装到了板条箱里。他们秩序良好、心地善良地离开了。潍县的地方官将那个鸡蛋炉在全城展示，以停止人们传言说"那门所谓的大炮是外国传教士的。[90]

---

85 马士：《中华帝国对外关系史》第3卷，第45、47页。关于讨论归还辽东半岛的问题，施密特先生写道："有人告诉我说，将军们在海滨旅馆（the Beach Hotel）召开了一次气氛非常活跃的会议。"参见施密特前揭书，第15页。

86 烟台领事馆：《其他信函》M.R.卷，第5号，1894-1895年，第178页。

87 根据《美国（北）长老会差会工作记录》第96页上的所列人员名单，单身女士为：邦玛丽（Mary Brown）医生、宝安美（Emma F. Boughton）小姐、怀芬妮小姐（Fannie Wight）。译者按：据译者所见《美国（北）长老会差会工作记录》第96页上的所列人员名单，仅潍县布道站的单身女士就远不止这三位，不知作者根据哪一份《美国（北）长老会差会工作记录》，译者所见为1813年刊行的 A Record of American Presbyterian Mission Work in Shantung Province, China，似乎与作者看到的不是一份，不过，译者所见的一份第96页又确实是传教士名录，考虑到作者页下注释往往是简略形式，又很可能是同一份记录，究竟事实如何，待考。

88 《美国（北）长老会差会工作记录》，第215页。

89 狄乐播夫人未刊信函，另可参见《北华捷报》，1895年1月18日，第80页。

90 狄乐播夫人未刊信函。这里提到的房屋是狄乐播夫妇家的，所说的"他表示清楚"的那个人就是狄乐播。

　　登州很可能是山东北长老会所有布道站中面临最大危险的一个。1895 年 2 月 18 日，狄考文打电报给美国驻烟台代理领事唐纳利说，有三艘日本军舰向登洲城里发射了 20 发炮弹。同一天，他写信给唐纳利，说有一发日本人发射的炮弹击中了穆拉第（美南浸信会传教士）小姐的院墙，对这种炮击提出了抗议。[91] 美国战舰"约克镇号"指挥官富尔杰（W.M.Folger）写信给唐纳利，回应这一抗议，其中有言："我认为如果日本人喜欢，他们有权利炮击登州，我们无权干涉，在登州的美国人只能冒个人风险呆在那里。"[92]

　　在这种危险情势下，有一位英雄，他就是赫士（W.M.Hayes）。[93] 1895 年 1 月 19 日日本人第二次发起炮击期间，他登上一艘舢板船，船上插着白旗和星条旗，向日本舰队划去，有一段时间直接对着发炮方向前行，目的是要登上一艘日本军舰，说服他们不要炮击登州。[94]然而，日本人根本不予理睬，赫士先生未受伤害，又回到了岸上。

　　2 月 7 日，美国战舰"查理斯顿号"（Charleston）前往登州，将文约翰（J.P.Irwin）牧师和文约翰夫人、梅理士夫人和三个孩子、赫士夫人和两个孩子、狄乐播夫妇十一岁的女儿狄珍妮（Jeanie Mateer）一行接到了烟台。[95]这一次撤离登州的还有慕维甫（W.F.Seymour）医生和慕维甫夫人、狄考文博士和狄考文夫人、赫士牧师、梅理士博士。薛玛丽（Mary A.Snodgrss）小姐留在登州布道站。[96]

91　烟台领事馆：《其他信函》，M.R.卷，第 5 号，1894-1895 年，第 152、153、154 页。参见费丹尼前揭书第 248 页狄考文有关日本炮击的陈述，"我从住宅房顶上观察事件的进展，有八发炮弹落在我房子的周围，但并没有伤到我，有一发炮弹迎面呼啸而来，它所带来的气流使我躲过了一劫。"

92　烟台领事馆：《其他信函》，M.R.卷，第 5 号，第 152、153 页。

93　《北华捷报》，1895 年 2 月 1 日，第 156 页。

94　登州此时实际上是一座无防御的城市。城墙上只有几门生了锈的二百年以前耶稣会士铸造的老式大炮。参见《北华捷报》，1895 年 2 月 23 日，第 267 页。

95　在登州传教士及家属一行撤到烟台前几天，附近地区的农民就不到城里来了，市场上没有新鲜食物供应，没有牛羊肉、鸡蛋等出售。
　　虽然烟台有体格健壮的军队守卫，但 1895 年 1 月底，大约有 90 名英、美、德、法、俄士兵从各自在港口的船只登陆。这些人登陆似乎是因为日本指挥官小山（Oyama）先前曾通知日本驻烟台领事说他可能要占领烟台。见《北华捷报》，1895 年 2 月 1 日，第 148 页；1895 年 2 月 8 日，第 181 页。

96　烟台领事馆：《其他信函》，M.R.卷，第 5 号，1894-1895 年，第 180、181 页。另可参见狄考文博士 1895 年 3 月 9 日在登州写的一封未刊信函。不过，没有任何资料显示登州美国南浸信会传教士这时离开了登州。

十一、1893 年和 1898 年山东传教士大会

1877 年和 1890 年在上海召开过两次全国传教士大会，在后一次会议上，建议举行地区性或各省的传教士大会。[97]根据这一建议，1893 年 11 月 11-15 日，山东传教士大会在青州英国浸礼会布道站召开。会议宣布这次聚会的目的是：一、"更好地理解先行在全省实行的几种工作方式，"二、"山东基督教启蒙，在这一大差会中相互鼓励。"[98]四十一位传教士（其中有一位从河南来的加拿大传教士）代表全省九个基督新教差会参加了会议。大会选举美国公理会牧师博恒理（Henry Porter）医生为大会主席。

1898 年 10 月 16-23 日，山东基督新教传教士大会在美国北长老会潍县布道站召开。包括从河南来的两位加拿大长老会传教士以及两位"无关联的"传教士，共计有五十二位传教士与会。英国浸礼会牧师仲钧安、美国长老会牧师狄乐播担任大会主席。

毫无疑问，这两次会议使他们提高了对山东各差会之间团结、友好合作之必要性的认识。尽管参会的代表们觉得自己主要还是各自差会和宗派的代表，但很明显比以前更清楚地认识到了他们在基督里是一体的，在能够合作进行的某些工作领域，会共同发展。从我们今天的观点来看，最值得注意的问题是在第一次大会召开之前，传教士的医疗工作是否应全部免费的问题。在有些布道站和医院，医疗一直是收取少量费用，而很多人反对这样做，他们的观点是有一位代表在声明中所表示的："就像我们至今所做的那样，医疗工作中收取少量金钱，但伤害了我们自己的心，减弱了我们的影响。"[99]第二次大会除了宣读了十三篇论文，进行了一些一般性讨论之外，还集中讨论了"倪维思方法"（Nevius System），这一方法自展开讨论那一天起，就在传教士圈子引起了广泛关注。

"倪维思方法"简要说来就是要中国教会走上彻底自立道路的方法，倪维思是这一方法的著名倡导者。他最初在《教务杂志》上发表一些列文章，后来又以书的形式出版，提出差会工作要合乎圣经的方法，这一"倪维思设计方案"的主要特点有以下五点："一、教会的拓展必须主要依靠教会成员的敬虔生活和自愿行动。""二、必须'在每个城市任命'长老。""三、我们的差会教会应

---

97 《中国基督新教传教士大会记录》（1877 年 5 月 10-24 日在上海召开）。《中国基督新教传教士大会记录》（1890 年 5 月 7-20 日在上海召开）。

98 《山东第一次传教士大会记录》（1893 年在青州府召开），第 1 页。

99 《山东第二次传教士大会记录》（1898 年），第 136 页。

当像我们西方大部分教会那样，由依据圣经安排的长老负责，而不是由支付薪水的牧师负责，委任一名支付薪水的牧师证明是有害而不是有利的。""四、任命长老不能违背教会成员的意愿。""五、增加有报酬或支付薪水的代理，要本着人们需要这样的代理并能够支付的原则。""朝鲜一直采取倪维思方法并且是适应的，"但是，北长老会差会并没有采用任何真正意义上的"倪维思设计的方案"，尽管自立一直是北长老会山东差会工作的最终目标。[100]

　　这两次会议召开时的统计数据显示了某些有趣的事实。[101]1893 年，山东新教传教士 169 名，其中 63 名或者说是百分之三十七点二七是北长老会的；全省各差会共计 87 名女士，其中 35 名或者说是百分之四十点二三是北长老会的；各新教差会共计二十一名医生传教士，其中十名或者说是百分之四十七点六是北长老会的，而全省各差会女医生共计六名，有五名是北长老会的。1898 年，差会数和传教士人数都有了增长，北长老会有 64 名，北长老会山东差会在全体基督新教传教士中，男女合计占百分之三十一点二（不再是百分之三十七点二七）。

十二、早期遭遇的困难和解决办法

　　对今天的传教士们来说，充分理解早期传教士们所遇到的困难，甚至同情宣教先驱们解决困难的办法，是一件非常困难的事情。最近有一位年轻传教士对笔者说，早期布道站的房地产难题，"我看就是茶壶里的风波。"他们的主要困难似乎是关于：一、租赁或购买房地产，二、足够的房屋设施，三、墓地遭受侮辱，四、传教士们的孤独，五、中国基督徒遭迫害。

（一）房地产

　　早期传教士最初遇到的难题无疑是通过租赁或购买获得土地，以便修建住所、教堂、诊所、学校以及其他所需建筑。1859 年花雅各牧师和花雅各夫人乘坐一艘小船来到烟台后，甚至不许他们登岸；1860 年允许他登岸了，但却不允许他在陆地过夜，他夜间只好住在烟台港口外国人的小船上。[102]另一种

---

100 参见倪维思：《差会工作方法》，第 60-70 页；罗德斯：《美国长老会韩国差会史：1884-1934 年》（Rhodes, *History of the Korea Mission, Presbyterian Church, U.S.A.: 1884-1934*），第 85-90 页。

101 1893 年会议记录第 6 页，1898 年会议记录第 139 页。

102 法思远前揭书，第 171 页。另可参见海雅西的女儿海安娜（Anna Hartwell）小姐的未刊信函。

情况是海雅西先生，他 1860 年登陆似乎没遇到什么困难，在到登州后不久，5 月份就租到了一所房子。然而，当地官员则倾向于认为外国人在中国居住下来，只是睁只眼闭只眼蒙混的事，并不合法。当海雅西告诉他说到这里来是根据"条约权利"后，这位官员随即派信使到省城去证实海雅西的说法。山东巡抚让信使带回了一份条约的副本，此后这位比较特别的登州地方官才对外国人保持了友好的态度。[103]

可是，不久以后，海雅西就发现当地知识阶层决定要给外国人点"颜色"看看，他们的这种态度一直持续了十三年。登州知识阶层的这种不友好态度，决定了百姓对外国传教士的敌意。从这时候起，很多年间外国传教士租赁房屋遇到了巨大困难，直到 1867 年，海雅西六年时间不得不把居所的一部分当教堂用。在花雅各夫人 1867 年离开差会之后，他腾出来的房子才改作教堂。[104]高第丕信告美国驻烟台领事说，从 1863 年 11 月到 1864 年 3 月他在登州没有租到或买到任何房产。[105]

美国长老会的情况也同样糟糕。1864 年 9 月 24 日，郭显德信告美国驻烟台领事说，他从 1864 年 1 月 15 日到登州至 8 月 22 日，没能租到或买到任何房产。[106]狄考文的日记清楚地记述了那时关于租赁房屋的令人气愤事件。在传教士们经历冗长的谈判并请求履行条约权利时，地方官员坚持说"现在城里确实没有房子出租，这怎么能谈得上是违背条约呢。但是，"狄考文继续写道，"我们完全清楚他会这么说，实际上，城里有大量空房子。这座城市正在走向衰落，许多曾经很富有的家庭，现在生活水平下降了，不得不离开他们原来住的房子……。"[107]他指出，"当所有人达成联盟一致对付我们的时候，是不可能租到房子的。"[108]在同一篇日记中，他记述了最近他们怎样送信给地方官说他们要租赁房子的事情，"可是与此同时，一伙探到风声的人抢先到了那里住下来，结果和以往一样的故事就来了：房子已经租出去了。"[109]接着他继续写道，"我不知道如果我们不能尽快租到房子，我们该怎么办。"[110]最后，梅理士在

103 高第丕夫人前揭书，第 153、154 页关于海雅西叙说这些经历的信函的记述。
104 高第丕夫人前揭书，第 154 页记述海雅西叙说这些经历的信函。
105 烟台领事馆：《其他信函》，M.R.卷，第 1 号，1864-1869 年，第 14、15 页。
106 烟台领事馆：《其他信函》，M.R.卷，第 1 号，1864-1869 年，第 16 页。
107 《狄考文日记（手稿）》，第 2 卷，第 103 页。
108 《狄考文日记（手稿）》，第 2 卷，第 106 页。
109 《狄考文日记（手稿）》，第 2 卷，第 104 页。
110 《狄考文日记（手稿）》，第 2 卷，第 105 页。

绝望中于 1864 年 10 月 27 日写信给美国驻烟台领事抱怨说，中国人拒绝租赁房屋给他们，违反了《天津条约》第十一款和第十二款。[111]后来，当梅理士租到了一所房子进行修缮的时候，那些工人受到当地势力威胁都跑走了，结果他不得不在自己家里佣人的帮助下，自己动手装修房子。后来有个星期天，突然有人要放火烧这所房子，狄考文和梅理士躲进屋里"拿出手枪以防意外"。

有一次，有人控告梅理士先生，结果道台命令蓬莱知县让"梅理士立即搬出所住房屋，把房子还给黄张氏（Mrs. Hwang-Chang），而当指控他违反条约、过于草率之后，他又要求梅理士确定一个日期，以便搬出房屋。"此外，蓬莱知县还要求美国驻烟台副领事麦嘉缔带走梅理士进行审讯。然而，这个案件最终仲裁解决，由李先生和英国驻烟台领事豪利特（Howlett）进行仲裁，结果是："黄家支付梅理士房屋修缮费 400 两白银，"梅理士先生向黄家"支付一笔明确计算数目的租金"，"直到他搬出这所房子为止，"但是，"前提条件是蓬莱知县要租给梅理士一所庙宇，这所庙宇由他来选，"也就是由梅理士先生挑选一座庙宇租住。笔者听说一位现在的年轻传教士把这次事件看作是"一次茶壶里的风波"，但是，美国公使却向国务卿报告说这样的案件绝非个案。[112]

1865 年，美国南浸信会的高第丕买了一所房子之后，立即出现了一些招贴，"号召绅民连为一体，阻止外国人购买房子。"应美南浸信会的要求，美国驻烟台领事桑福德（E.T.Sanford）先生独自来到了登州。在海雅西、高第丕、梅理士陪同下走进了高第丕购买的那所房子，在房子大门上贴上了盖有美国印章的告示，在院子里升起了美国国旗，当一伙人聚集到门外的时候，海雅西和高第丕处于受到人身攻击的危险之中，他们走出大门来到了大街上，那伙攻击者看到了"他们带着枪，就撤走了"。[113]

烟台由于海港停泊有外国战舰，情形似乎要稍好一点。一些事情可以平和商量。如前所述，1859 年时甚至还不准花雅各上岸。美国圣公会开始在烟台西面三英里处的珠玑开展工作，很显然是因为他们在海岸边搞不到房子。[114]麦嘉缔由于搞不到房子做教堂和诊所，最终离开了烟台。[115]郭显德夫妇离开登州来到烟台后，在珠玑一所"闹鬼"的房子里住了十四个月，因为那是他们夫妇

---

111 烟台领事馆：《其他信函》，M.R.卷，第 1 号，1864-1869 年，第 30 页。

112 参见《外交函件》（*Diplomatic Correspondence*），第 2 卷，1865 年，第 425-434 页。

113 高第丕夫人前揭书，第 163、164 页。

114 法思远前揭书，第 172 页。

115 阿姆斯特朗前揭书，第 97 页。

唯一能够租到的房子。[116]

最初济南的传教士们也发现很难买到或租到房子。文璧因为租不到房子，不得不在一个中国小客栈住了一段时间。[117]稍后，济南布道站有资金建一所医院的时候，但买不到用来建医院的土地。1881年，当他们在济南一条主要街道上买了一所房子用来做讲堂的时候，结果引发了一场骚乱。这次事件报告了美国驻华公使，他派公使馆秘书到了济南，两年之后，济南差会同意在其他地方购买一块土地，事情才算了结。他们在济南东郊买到了一所小房子，开办了一所免费学堂。这件事情在1887年初引起了几次骚乱，其中有一次是房主和中国经纪人被带走了，而另一次，李佳白被棍棒和砖头打晕了，一位中国巡逻兵救治了约一个小时后才醒过来。这一年12月，李佳白去了北京，目的是要得到美国驻华公使田贝（Charles Denby）的帮助，得以为济南布道站"和平拥有一处房产，并得到保护"。[118]在首都等了四个月之后，总理衙门的大臣们给出了一个"最不令人满意"的答复，于是他又回到了济南。[119]这一案件直到发生四年后的1891年才最终解决。[120]

我们发现济南1890年的骚乱性质非常严重，致使济南布道站暂时关闭，两个卷入这场骚乱的外国人家庭被送回美国休假，平复骚乱经历中的震惊情绪。[121]

---

116 魁洛海前揭书，第63页。

117 《美国（北）长老会差会工作记录》，第29页。

118 李佳白：《中国一瞥》（Reid, *Glances at China*），第175页。这本书虽然没有标明写作时间，但其流传的时间表明作于1890年之前。

119 李佳白：《中国一瞥》（Reid, *Glances at China*），第176页。另可参见《济南布道站备忘录：1885-1889年》（*Tsinan Station Minuts,1885-1889*），第25-43页。这次事件的报告和给美国公使的吁请函，在备忘录中占有20个页面。

120 《济南布道站备忘录：1885-1889年》，第78页。应该指出的是，这一时期（1775-1889年）正是美国和中国之间的"敌意增长"时期，中国劳工在石泉镇（Rock Spring）、怀阿明州（Wyoming）、塔科马（Tacoma）、西雅图（Seattle）、华盛顿（Washington）受到伤害甚至杀害。这一时期也是美国颁行限制劳工法案，致使中国劳工包括洗衣工实际上不能进入美国的时期。参见丹涅特前揭书，第543-549页；《对外关系》（1889年），第45、74、454页。1895年那份特殊土地契约，有位记者称之为"四年协议"，证明"必须三次支付所买土地的价钱，目的是使土地所有者不愿卖给外国人"。在这块土地上砌起围墙，几乎引发了一场爆乱，两三名官员急速赶到现场，是为了防止即将爆发的骚乱。见《北华捷报》，1895年11月8日，第769页。

121 《山东差会备忘录：1890-1895年》，第37页。

处理房产难题的方法，如果说不是通常普遍使用的话，也经常是向最近处的领事求助，申诉他们应享有的"条约权利"，特别是《天津条约》第十一和十二款规定的权利。这一条约第十一款规定，合众国民人应受到保护，合众国领事报案后，"（大清国）地方官立当派拨兵役弹压驱逐，并将匪徒查拿，按律重办。"[122]第十二款规定合众国人有权在各通商口岸居住、租赁房屋经营商业，或租赁地皮建造房屋、医院、教堂、墓地等。[123]

那时的传教士们向驻地就近的领事吁请条约权利是否明智，不是笔者所要讨论的问题。今天的传教士常常都是和平主义者或半和平主义者，倾向于批评先驱传教士们向领事吁请条约权利的做法，我想说的是他或她不应该忘记的是：在山东北长老会开始在这里工作的时候，正值中国历经两次战争失败，被迫签订了中外条约；同时处在与太平军的苦战之中；外国人帮助衰老的满洲人拯救他们正统治着慢慢走向崩溃的帝国；而美国正处于世界上最大规模的内战之中。今天的中华民国，完全不同于那时的满清帝国。

（二）传教士的居所问题

早期传教士们即使有了他们通过租赁或购买，得到了他们想要的房产，但难题并未完全解决。首先是他们租赁或购买的中国房屋，常常是位于偏僻之处，或者是不受欢迎的地方。不管在哪里，所有房屋都是一层建筑，纸糊的窗户，石头或泥土地面，松垮咣当的门户；这些房屋夏天相当凉爽，但冬季却会使外国人想到了极地地区。在尽可能地使这些房屋适合外国人的喜好之后，房子固有模式仍然令人感到很不方便。

倪维思牧师和倪维思夫人到登州的时候，他们在盖利家住了几个月。倪维思夫人每次从她自己的房间到厨房时，都必须穿过三个院子，必须从盖里夫人的房间通过。穿过三个院子，"夏天或是烈焰当空，或是雨水浇头，令人感到

---

122 海关：《中外约章》，第 1 卷，第 717 页。

123 海关：《中外约章》，第 1 卷，第 718 页。应当补充说明的是，美国当局多年间并不赞成深入内地开辟布道站。1872 年，美国驻华公使镂斐迪写信给国务卿菲什（Fish）表示："现在撤退传教士的行为将是不明智的，因此，我将尽力保证他们在现在所在地的安全。但是，与此同时，我不得不向他们强调的是，无论是条约权利还是从良好政策角度考虑，都不允许拓展已有布道站或在内地建立新布道站"（《外交函件》，第一部分，1873 年，第 119 页）。1885 年，美国驻华公使田贝向国务卿贝阿德（Bayard）报告说，所有国家依据 1860 年中法和约在内地开辟宣教地，"必定是个假设。"……"在内地定居的权力是不存在的。"《对外关系》，1886 年，第 96、100 页。

相当不快。"[124]

1864 年，狄考文夫妇、郭显德夫妇和梅理士一家在四个石砌的小房子里居住了九个月：这四个房子，一个是厨房，另一个是餐厅，第三个是客房，第四个是客厅和卧室。这四间房子各自独立，没有相同的有遮盖的通道相连。暴雨天气或寒冷的冬季，这些传教士们不得不冒雨或顶着雪从厨房到餐厅，或者是从餐厅到卧室。[125]狄考文这样记述当时的心境一点也不奇怪："登州差会这里的房产非常不方便，我们呆在这里仍然感到很不舒服。尤其是我们的住所，几乎每个人都无法学习。我们只有一间客房，但这间客房几乎每天一整天都有人占用。"[126]为了再多一间房屋，他清理了倪维思储藏物品的房间。腾出了这间房间后，狄考文必须建个烟囱，接着又制作了一个铁炉子，最后还发明了一个压煤机，以便把在登州用的煤压成适合他制作的铁炉使用，为不久前清理出来的房间取暖。关于这里的住处，他说："我们这里的小房子确实太拥挤了，我渴望能有一间我住的房子。我只能把现在住的地方叫呆的地方，而且是那种非常可怜的呆的地方。"[127]

在那个时候，中国没有两层住宅，因为中国人迷信，认为两层住宅上面一层会投下阴影，不吉利。此外，上面一层的窗户会"让邻居家暴露隐私，院子是有教养的妇女唯一出来透透空气的地方"。[128]

---

[124] 高第丕夫人前揭书，第 155 页。另可参见倪维思夫人《我们在中国的生活》，第 341-343 页。

[125] 费丹尼前揭书，第73页。另可参见倪维思夫人：《倪维思传：中华宣教四十年》，第 216 页。译者按：这里所谓的"四个房子"，译法是不准确的，因为原作者说的是房间（room），由于中西生活习俗的差异，room 在这里的表述实际上本来就是不确切的。查狄考文夫妇和郭显德夫妇初到登州，就与梅理士一家住在观音堂（原来住在这里的倪维思夫妇这时回美国了），这个观音堂应该是个四合院，由正殿（坐北朝南）、东西两个偏殿和南面通向外部的门廊和原来和尚的居所与杂用房四处房屋组合而成。东、西偏殿可能被他们用作厨房和餐厅，南面的原来和尚的居所和杂物用房（除去不能使用的门廊）当客房用，而正殿说是一处 room，实际上里面是可以隔开的，可以作为三个家庭的卧室和客厅了。下文接着提到的狄考文清理倪维思"储藏物品的房间"，大概应该在已被他们部分地用作客房的南面的杂物用房之中。当年9月郭显德去了烟台，不久梅理士一家也搬走了，观音堂剩下了狄考文一家，他们夫妇除了自己居住之外，开办了一所寄宿男学堂。

[126] 《狄考文日记（手稿）》第2卷，第86页；韦廉臣夫人前揭书，第131页自己这样表示说："向那些在内地工作的传教士们，向选择支持丈夫们在内地工作的勇敢、忠诚的妇女们表示敬意，住在一座中国城市令人十分沮丧；他们居住的房子如此拥挤，只能抬头向上看光景，看天空中各种样式的云彩。"

[127] 《狄考文日记（手稿）》，第2卷，第101页。

[128] 蒲爱达：《宣教生涯琐忆》（Pruitt, *The Day of Small Thing*）第8页。

北长老会的传教士以及其他一些宣教团体的人解决这种特殊不习惯问题的办法，还是建造两层风格的住宅。据我们所知，登州乃至山东第一座外国风格的住宅是狄考文夫妇 1867 年建造的。狄考文夫妇受以前居住的观音堂（经过改造的一座庙宇）潮湿侵蚀，损害了他们的健康；一位那时候的作家在提到这栋新式住宅时写到："建一座西式住宅是明智之举，效果很快就显现出来，狄考文夫妇的健康状况有了好转。"[129]

（三）侮辱坟墓和墓地

尽管不是什么大事，但却令人非常气恼的问题是外国人墓地中的坟墓经常遭到侮辱，这一问题在登州似乎格外严重。《天津条约》（1858 年）第十二款明确规定外国人在任何通商口岸都有权拥有墓地，"倘坟墓或被中国民人毁掘，中国地方官严拿，照例治罪。"[130]

尽管条约有明确规定，但登州侮辱传教士墓地的事对他们来说还是一件相当麻烦的事情，并不容易解决。1864 年 9 月 23 日，高第丕牧师写信给美国驻烟台领事称，是年年初，登州外国人墓地遭到严重侮辱，有三个"大理石墓碑"被砸得粉碎。[131]1866 年 5 月 14 日，海雅西牧师写信给烟台领事，抱怨说他小女儿坟墓的墓碑被毁，截至他写这封信的时候，已有十座墓碑被毁坏。为此，他提出要求说，请美国政府"迫使中国当局保护我们的墓地免遭恶意侮辱"。此外，梅理士牧师对海雅西的要求予以支持，并在一封信中建议要求中国当局赔偿 200 两银子。[132]

这个案子传到北京之后，卫三畏（Wells Williams）答复说，他不认为"条约精神和文字"证明索取 150 两银子（缩减了的数目）是正当合理的，除非是从毁坏墓碑的人手里索取，因为中国人有保护他们墓地的习俗，他认为登州传教士墓地只能是"传教士雇佣一位看墓人进行保护，不然的话，没有其他更好的办法"。[133]公使馆把登州的案件报告了美国国务卿西华德（William

---

129 高第丕夫人前揭书，第 164 页。

130 海关：《中外约章》，第 1 卷，第 178 页。

131 烟台领事馆：《其他信函》，M.R.卷，第 1 号，1864-1869 年，第 14、15 页。

132 烟台领事馆：《其他信函》，M.R.卷，第 1 号，第 96 页。

133 《外交函件》，第一部分，1866 年，第 510 页。在济南中国人继续毁坏文璧牧师的墓碑，把墓碑从墓地移走扔到了城外之后，那里的传教士们在布道站垒起了一道围墙，才免受进一步骚扰。1872 年，烟台外国人墓地的木制十字架，全都被人拔走了。参见《北华捷报》，1872 年 5 月 18 日，第 390 页。

H.Seward）先生，但美国国务院似乎没有就这一问题同北京进行任何交涉。[134]

（四）传教士的孤独

早期宣教士尤其是在内地的宣教士们的困苦之一是孤独。通常情况下，他们凭借不屈不挠的信仰成功地克服了困难，但敏感的心灵必定经历了年复一年的巨大痛苦。蒲爱达夫人在她的《宣教生涯琐忆》一书中用下面的文字描绘了这些在内地工作的宣教士们所处的困境："我们似乎是生活在另一个星球上，没有铁路，没有电报，没有邮局，没有今天这样的交通线。我们每星期派一个男人步行到登州去取由私人信使从烟台带来的邮件。上海领事馆收取从美国来的信件和杂志，各条航线的船只从上海领事馆那里把这些信函和杂志免费带到烟台。一次次，我们多么渴望看到我们派出去的人返回来，带回一堆珍贵的邮件来让我们高兴一阵子。"[135]他们的孤独感没有其他宣泄渠道。

在登州，传教士们在他们安息日礼拜上找到了慰藉，这些礼拜是美国北长老会或美国南浸信会主持的英语礼拜，在烟台，外国传教士很早就组织了联合教堂。[136]

登州由于文会馆暂露头角，成了山东传教士社区的中心，在那里组建一个文学社似乎是很自然的事情。现在我们还保存有"登州文学会"（Tunchow Literary Association）备忘录以及对开 241 页的 1873 年 5 月 29 日至 1875 年 8 月在该会演讲名册。演讲名册是手写的，内有十分完整的演讲高，两份不完整的演讲稿，其他只有演讲题目。根据这份演讲名册的索引，有以下演讲题目和演讲者的姓名：

"中国的儿媳妇"，演讲人：玛莎·F.克劳福德（Martha F.Crawford），第 25-34 页。[137]

"山东的赌博"，演讲人：J.T.格罗斯蒂（J.T.Crosette）第 35-

---

134 《外交函件》，第一部分，1866 年，第 508 页。在登州传教士们遭遇了最初的失败之后，为了保护他们的墓地，登州地方官给了他们一块"永久性"政府的土地，建起了石头围墙，竖了一块大理石板，上面镌刻着：此处土地划拨给传教士字样。所有这些费用，都是由地方政府支付的。此后直至 1864 年春天，似乎未再有什么麻烦。参见卫三畏给美国国务卿的报告。

135 蒲爱达夫人前揭书，第 19 页。

136 参见本书第 56、57 页。

137 "Martha F.Crawford"与"M. F. Crawford"是同一个人，即高第丕夫人。

52 页。[138]

"传教士过劳群体"（不完整稿），演讲人：Jas.M.邵（Jas M.Shaw）。[139]

"论穆斯林之护教工作"，演讲人：J.T. 格罗斯蒂，第 183-192 页。

"亚当到亚伯拉罕之父权王朝"，演讲人：高第丕，第 100-112 页。

"基督教安息日神圣权威及其对中国基督教会的重要性"（不完整稿），演讲人：狄考文，第 219 页。

"登州北长老会男子蒙养学堂史"，演讲人：狄邦就烈（Julia B.Mateer），第 113-151 页。

"义军、明将部属、叛乱首领、监护王（Tutelar King）之孔有德（Koong Yeo De）历史追踪"，演讲人：米尔斯（Jas Mills），[140]第 80-99 页。

"登州最初十三年宣教史"，演讲人：高第丕夫人，第 153-181 页。

"蓬莱县要览"，演讲人：哈丕森（E.P.Capp），第 1-24 页。

"泰山及其上之庙宇和崇拜"，演讲人：狄考文，第 53-79 页。

"登州庙宇概观"，演讲人：梅理士，第 201-218 页。

关于最初十三年山东尤其是登州宣教士们的工作情况，高第丕夫人的演讲材料可说是一座十足的宝藏。同样，狄考文夫人关于登州蒙养学堂的历史演讲，则可说是关于现在的齐鲁大学、以前的山东基督教大学创建伊始的珍贵素材。文学会的这些演讲，每个月一次，必定为那些倍感孤寂的传教士带来了很大帮助、很大的鼓励。然而很不幸的是，关于登州文学会何时开始，又在什么时候为什么没有继续办下去的问题，没见到丝毫资料线索。我们知道在登州至少有一次是外面来的传教士做的演讲。这位传教士是潍县布道站的苏格兰联合长老会的罗伯特·麦金泰尔（Robert MacIntyre）先生，他是在 1875 年 7 月中旬做的演讲，题目是"祖先崇拜"[141]

---

138 "J.T.Crosette" 疑为 "J.F.Crosette" 之误，如是，则演讲人为隋斐士——译者注。

139 此演讲人为美国北长老会登州布道站的邵牧师——译者注。

140 Jas Mills 与 C. R. Mills 是同一个人，即梅理士。

141 《狄考文日记（手稿）》，第 4 卷，第 178 页。值得注意的是，狄考文用如下话语概括他演讲的特点："他是我从未见过的这么滔滔不绝饶舌的演讲人。"其实，他愿意多讲甚至滔滔不绝饶舌，很可能是他平日里孤寂生活的一种反弹；比如说，1878 年3 月 9 日，倪维思进入青州后的日记写道："仲钧安先生和我花了一整天时间说英语！"人们几乎可以听到他叹息："又一次随心所愿地讲英语，多么奢侈啊！"

烟台联合教堂的协作牧师每季度聚会一次宣读论文。早在1874年，烟台的外国人社区就组织了"烟台戒酒会"（Chefoo Temperance Association），戒酒会的"戒酒厅"有一间阅览室，"戒酒会成员可以在这里阅读到一些最好的报纸、书籍和杂志，"外国战舰和商船上的人也可以免费到戒酒会来。[142]1974年8月19日，狄考文就是在这个"戒酒厅"科学演讲，李提摩太告诉我们说，狄考文"这位在中国从事宣教工作的伟大科学教育先驱，"带着很多仪器来到烟台，做了一次"非常有趣的关于基督教的演讲……我作为演示者在旁协助"。[143]

另一逃避孤寂的通道是1868年创刊《中国宣教记事》（Chinese Recorder and Missionary Journal），即现在的《教务杂志》（The Chinese Recorder）。相信任何一份这种期刊都会给内地传教士带了少有的安慰。以前曾经是传教士的《中华百科全书》的编辑写道："宣教早期，外国人很少，只有《教务杂志》这么一份期刊，其中许多是综合性和科学方面的优秀文章，这些文章的作者包括艾达金丝（Edkins）、布莱斯奈德（Bretschneider）、金斯米尔（Kingsmill）。"[144]

但是，杂志的安慰作用毕竟不同于信件，尤其是从家乡来的信件。蒲爱达夫人说家乡的信件是他们"渴望"的"珍贵邮件"。[145]在乡村巡回布道的那些传教士，则渴盼家里的消息。1877年10月30日，倪维思写信给他在烟台的妻子说："你的来信已经收到了，你可以想象得到我读的多么贪婪——近四十天来，每天做的第一件事就是读你的来信！"[146]1878年4月9日，太阳快升起来的时候，在赵各庄（Chao-ke-Chwang）的倪维思听到了外面一个熟悉的声音，他赶忙喊道："烟台来信了？""是啊。"来人递给了他一张便条，告诉他说倪维思夫人病的很严重，让他赶紧回烟台。倪维思回烟台要三天时间，但人家信差走"一百六十英里只需一天两夜多点时间"。[147]宣教早期，登州的信件由一位私人信差递送；稍后，传教士们把费用集中起来雇佣一名信差每周一次到烟台去取信。[148]随后长老会其他布道站建立，也都沿用了这一办法，到1891年底，共雇佣了四个这样的信差服务于烟台、登州、潍县和沂州，也为美国南浸

---

142 《北华捷报》，1874年3月26日。

143 李提摩太前揭书，第34页。

144 《中华百科全书》（Encyclopaedia Sinic），第105页。

145 蒲爱达夫人前揭书，第19页。

146 倪维思夫人：《倪维思传：中华宣教四十年》，第355页。

147 倪维思夫人：《倪维思传：中华宣教四十年》，第355页。

148 费丹尼前揭书，第85、86页。

信会在黄县的布道站和英国浸礼会在邹平的布道站服务。这种制度由长老会的差会邮政管理员指导运行。[149]

（五）本地基督徒遭迫害

在中国漫长的历史进程中，宗教迫害一直很常见。在前此数世纪期间，通常国家是迫害者；但自所谓"鸦片战争"后中外条约签订以来，百姓而不是国家成了宗教迫害力量。[150]即使没有官方敌视、民众迫害，基督教要移植扎根于一个不同的社会、宗教土壤中，也是非常困难的。如果一个中国家庭中有人皈依了基督教，他或她在很大程度上就会在他们所处的家庭中感到苦恼、受到其他家庭成员的批判，如果他严格按照基督教的要求去做，他就不能再以传统态度在家里和墓地上对待他已经故去的祖先；他就不能再在祖先宗祠里或异教节日上给祖先致祭；[151]在他结婚的时候，他要明显表示他确定无疑喜爱基督教婚礼。[152]他所处的境地与一个罗马天主教家庭里的儿子或女儿要成为一个新教徒有点类似，反之亦然。甚至更像是一个新教教徒或者一名天主教徒要与一个摩门教徒结婚的情形，特别是这个教派实行多妻制时期。在中国，改变宗教信仰同样会引起巨大偏见、社会歧视以及宗教仇恨。

大量的攻击外国宗教的中文揭帖、小册子、书籍等，为这种反基督教情绪火上浇油。[153]杨格非（Griffith John）牧师断言各处流传的《剿灭鬼子教》（*Death to the Devil's Religious*）有 800,000 册。[154]另一份不太著名的书是由登州海雅西和狄考文翻译的 1870 年刊布的《剿除邪说》（*Death to Corrupt Doctrines by*

---

149 《山东差会备忘录（1890-1895 年）》，第 41-44 页。1899 年，沂州开办了一处常规政府邮局，"在英国顾问监督下……。""不到两周时间送一次信。（太棒了！）信件量迅速增加。"参见弗莱明：《教会史》（Fleming, *Church History*），第 16 页。译者按：这里的 Fleming, *Church History*，很可能是明恩美：《沂州教会史》（Fleming, Emma E. "*Church History-Ichow*."）的简写。

150 格鲁特：《中国各教派受苦史》（de Groot, *Sectarianism and Religious Persecution in China*），第 15 页；第 263 以后各页；赖德烈前揭书，第 468 页。

151 韩宁镐：《圣福若瑟传》（Henninghaus, P. *Joseph Freinademets, S. V. D.; Sein Leben und Wirken*），第 206 页。

152 《上海中国基督新教传教士大会记录（1877 年 5 月 10-24 日）》（*Record of the General Conference of the Protestant Missionaries of China Heid at Shanghai*, May 10-24,1877），第 387-392 页。

153 佚名：《中国 1891 年排外骚乱》（*The Anti-Foreign Riots in China in 1891*），第 206 页。

154 佚名：《中国 1891 年排外骚乱》（*The Anti-Foreign Riots in China in 1891*），第 221、222 页。

Means of Authentic Records）。[155]一份英国驻华公使备忘录显示，威托马概括这份在烟台广为流传的小书的主要内容如下：

1. 在列举了一些参考书目的结尾处，有一个简短的序言，最后一句话是呼吁每个有正常情感的男人站起来反对"乱伦败德"的一伙。

2. 说成年人几乎没人做神职。主要是招募一些小男孩，把他们阉割了，然后就做了神职人员的玩物（mignons）。

3. （教徒们）礼拜天蜂拥去教堂，男女老幼混杂一起。这些混在一起的男女的所谓礼拜就变成了乱交。

4. 一个基督徒可能只有一个老婆，但老婆死了可以再找。父亲死了，儿子可娶母亲做老婆；儿子死了，父亲可娶儿子的遗孀做老婆。父亲可娶自己女儿；亲兄弟可同亲兄弟的媳妇或他们自己亲戚的姊妹成亲……。亲兄弟、男亲戚或朋友长时间分离，碰到一起就相互鸡奸。

5. （早期耶稣会士）利玛窦和其他一些教士，靠道德说教伪装自己，掩盖各种粗俗下流勾当，依靠天文学知识，施展符咒魔法，很多人上当受骗了。

6. 在另一段文字中，指控基督教摘除男孩和女孩的生殖器，剖心挖眼熬制迷药。

7. 还有一段文字，详述怎样处理男婴女婴，以便于他们干伤天害理的奸淫勾当。

以上各种宣传文字都是在前七页里。这本书的绝大部分是攻击基督教教义和基督教历史的文字。[156]

"所有文字都太污秽了，不忍复述。"[157]这是杨格非对一本排外书籍某些部分所下的结论，这本书在裴来尔（L.N.Wheeler）看来，"竭力煽动骚动怀疑情绪，多年间广泛流布数省，到天津大屠杀时达到了顶峰。"[158]

登州男子学堂孩子们的经历，揭示了基督教所承受的某些巨大社会压力。在学堂逐渐声名鹊起以后，很多非基督教家庭的孩子上学堂以后成了基督徒，

---

155 佚名：《中国1891年排外骚乱》（The Anti-Foreign Riots in China in 1891），第213-214页。另可参见《狄考文日记（手稿）》第4卷，第69页。1871年初，来自烟台的报道说，济南知府让一名男孩用竹竿挑这种小册此沿街叫卖。参见《北华捷报》，1871年2月22日，第121页。

156 《中国》，第一号（1871年），第198-200页。

157 《中国的排外骚乱》（The Anti-Foreign Riots in China），第222页。

158 裴来尔：《外国人在中国》（The Foreigner in China），第183页。

狄考文发现几乎不可能确保非基督徒家庭出身的孩子不受外来影响，尽管学堂三项规章中有一条是"本地基督徒的孩子不必一定要寄宿"，这意味着只要实行这一规章，学堂寄宿生就是非基督徒家庭的孩子。[159]在这种情况下，人们很快就发现，登州住在家里的那些非基督徒家庭来上学的孩子们不是把"福音影响"带到了家里，而是遭到了家族的嘲笑，经常回家强化了他们排斥基督教的倾向。[160]

　　处在这样一种心理氛围中，要避免家庭反对和身体暴力的唯一办法，就是偶尔证明一下自己是反对外国传教士和本地基督徒的。这里仅举数例予以说明。1873 年 3 月 23 日，狄考文、纪力宝（Killie）、隋斐士先生在泰安"大庙"里讲道、出售书籍。就是在这天上午，当狄考文从这座大庙走过的时候，一块石头打到了他的头，他这样记述说："一块石头结结实实打到了我的头上，一开始，晕头转向，不知所措……。这是我在中国第一次遭受这样的打击。"[161]四年以后，1876 年 4 月，狄考文写信给美国驻烟台领事，抱怨说上个礼拜日，他的助手第一次在登州长老会小教堂讲道，百姓向教堂门口扔石头，有七八个人吵吵闹闹，目的就是让人无法听这位助手讲道。在信的结尾，他请领事到登州来住几天，以便"保证这里有良好的社会秩序，得以自由宣讲福音"。[162]然而，桑福德（E.T.Sanford）领事并没有应邀到登州来。同年秋天，狄考文到即墨地区巡回布道，情形与著名的郭显德案件一样；他说在鳌三卫（An Wu San Wei）发现"确定无疑是令人不快的敌意迹象"，而他所住的小客栈的店主，则令他感受到了"除了欢迎之外的百味杂陈的态度"。[163]

　　在一些相对不太重要的案件中，狄考文充当了夹心饼，身份尴尬。1874 年，在一桩迫害中国基督徒案件中，他有了一次最不可思议的经历。登州西南五十英里的招远（Chow Yüan）县，有人出租了一栋房屋做小教堂，一位苗（Miao）先生在小教堂做志愿布道员讲道。几天之后，苗先生和房屋的主人被捕了。被捕后的第二天，那座房屋的主人被指控出租房子给"外国鬼子"，打了二百竹板，而这位志愿讲道的苗先生则被指控为散布邪教，打五十大竹杠。翌日，苗双手绑在一起，用铁链子拴在脖子上，被押往三十英里外的栖

---

159 狄邦就烈：《登州被长老会寄宿男校史》（手稿），第 113 页。

160 狄邦就烈：《登州被长老会寄宿男校史》（手稿），第 150 页。

161 《狄考文日记（手稿）》，第 4 卷，第 121 页。

162 烟台领事馆：《其他信函》，M.R.卷，第一号，1864-1869 年，第 153、154 页。

163 《狄考文日记（手稿）》，第 4 卷，第 167、168 页。

霞（Tsi Hsai），[164]隔一天到了栖霞后，杖三百，竹片打脸一百下。狄考文听说了苗先生的悲惨遭遇后，立即急忙赶到栖霞去看望、安慰他。见到苗先生后，对他在审讯中的遭遇感到震惊，"那个样子令人十分悲哀，他坐在炕上，脸部浮肿，伤痕累累的双腿上了镣铐。"[165]

关于上述迫害中国基督徒的案件，狄考文在对开日记本上写了一页又一页。他处理这一案件的方法还是通常使用的方法，即试图通过外国领事的干预，使中国官员尊重所谓的"条约权利"。狄考文在日记中记述了如何同美国领事合作，由美国驻烟台领事写了一封公函给登莱青道，要求招远和栖霞地方官到烟台"接受美国领事和登莱青道的当面调查"。[166]然而，这样的问询似乎从未搞过。而后，狄考文告诉招远官员说，如果这件事情"现在不解决"，他"将将向烟台控诉，如果必要的话，会直接向北京控诉"；他将向美国驻华公使和更高中国当局申诉。[167]狄考文坚韧不拔的坚定立场感动了地方官员，这个案子终于得到了如下处理："杨先生向我磕头，然后，我牵着他的手，尽管他想挣脱出去，迫使他坦白承认自己的过错，明确允诺予以改正，他所说的话都由职员做了记录，并抄了一份副本给我。"[168]虽然狄考文觉得那位受迫害的中国基督徒并没有得到完全公正的待遇，但他这样了结这个案子，还是"相当不错的"，他补充说："我认为这样解决迫害中国基督徒的问题，为我们在招远的未来奠定了良好基础。"[169]

还有一个比较重要的迫害案件，或许可以说是山东最重要的迫害案件，这就是所谓的"郭显德案"。位于烟台西南八十英里、青岛东北三十英里稍多一点的即墨（Tsimo），是著名传教士郭显德最富成效的宣教地之一。郭显德第一位夫人1873年3月10日去世了，数月之后，他带着三个失去母亲的孩子与一位中国保姆一起暂时住在即墨，那里是他在周围地区宣教的一个中心地。[170]1873年12月1日，当穿过附近一个市镇的时候，一群男人开始用石块攻击他，嘴里大叫着"杀死他！杀死他！""我不再试图，"接下来的故事用

---

164 原文如此，疑为笔误或印刷错误，因为以下各处提到这一地方时均为"Tsi Hsia"，故汉译依据"Tsi Hsia"译为"栖霞"——译者注。
165 《狄考文日记（手稿）》，第4卷，第21页。
166 《狄考文日记（手稿）》，第4卷，第22页。
167 《狄考文日记（手稿）》，第4卷，第53页。
168 《狄考文日记（手稿）》，第4卷，第54页。
169 《狄考文日记（手稿）》，第4卷，第54页。
170 魁格海前揭书，第106、110页。

他自己的话说就是：“不再试图讲道或散发书籍了，而是只想尽力安抚这些人，使他们安静下来。突然，石块从四面八方向我打来，有几块砸到了我身上。我赶紧跑进一座庙里躲避危险。这群人紧追不舍，也冲到这座庙的院子里，院里院外的人，从各个方向朝我扔石头。我在庙里呆了一小会儿，考虑怎么才能逃出去，外面的歹徒多起来了，我决定冒风险跑出去逃走，如果可能，就从人群中间冲过去。当我冲出人群后，一帮人紧跟着我追来，幸运的是跑在前面的几个人摔了跟头，挡住了追击的人群，利用这个空挡，我抓紧骑上马跑开了。后面那群人向我投掷的石块和土块，密密麻麻向我袭来；一些中国基督徒抓住了那群人的几个头头，暂时阻止了他们的追击，这才使我有机会继续逃跑。我马上加鞭，策马跑开了，身后一阵石雨。我跑走后，那群人找到了中国基督徒，开始攻击他们，一位年老基督徒被石块击中，伤得很厉害，虽然离家不远但走不回家了，人们只好把他送到就近一个朋友家里疗伤，另一位中国基督徒被石头打倒了，头上一道大伤口。其他几位中国基督徒，也都或轻或重地受了伤。”[171]

这一事件立即报告给了美国驻天津和烟台领事施博（Eli T.Sheppard）先生，他调查证实了这一事件。1874 年 6 月 3 日，美国领事与登莱青道最终就这一著名案件达成了解决条款如下：

1. 判决两次扔石头打人特别严重之四人有罪，大竹棍杖笞，其中一人杖八十，两人每人各六十，剩下一人杖四十。[172]科埠（Ko-fau）和华阴（Hwa-yin）地方的地保（ti-pao）各杖笞八十，并革除职务。

2. 郭显德先生金钱方面的损失，估计为 380 两银子，由进入他房间的那些人在十五天内赔偿；这些人要拘押十五天，由道台担保支付赔偿金。

171 《对外关系》，1874 年，第一卷，第 135 号件，第 274、277 页。另见魁格海前揭书，第 106、110 页。
172 一位那个时代在即墨的德国传教士卢维廉（Lutschewitz）在《即墨的旧时代和新时期》（*Alte und neue Zeit in Tsimo*）一书第 59 页记述说，这一事件中有三十名带头闹事者被捕，“其中六位被判处死刑，只是由于郭显德博士说情他们才被减轻刑罚。”（由德文翻译）这里所说的条文规定的惩罚，很可能就是郭显德说情之后的事情。译者按：作者这里引用的卢维廉的书不是全名，全名应该是 1910 年在柏林刊行的《青岛内地县城即墨的旧时代和新时期》（*Alte und Neue Zeit in Tsimo, der Kreisstadt vom Hinterlande in Tsingtau*，Berlin, 1910）。

3. 其他罪犯在我的特别要求下，予以原谅。

4. 所有罪犯都需签署契约，保证郭显德先生在即墨期间的人身安全。所有违反此约或于此有关受到指控的人，均将受到应有惩罚。

5. 道台发布严厉告示，将这一事件详细公之于众，说明处理结果，今后任何胆敢再有此类凌辱行为者，严惩不贷。

6. 郭显德先生再赴即墨时，道台签发一份特别通行证，并书信一封给即墨知县。

美国领事施博[173]

6月4日，美国领事施博先生、柯纳宓（Cornabe）先生、[174]6月2日抵达烟台的"赛舸号"（Saco）炮船指挥官麦道格（McDougal）和其他几位军官一起来到了道台衙门，那些犯人被押解到庭接受处罚。

处理这种严重的迫害案件的通常使用的方式一如前述。一般的程序是在外国领事（有时候是公使）的陪同下，中国当局表示尊重外国人传教和中国人信教的"条约权利"。这种处理此类案件的方式，山东宣教领导人非常赞同，下面的信件清楚地表明了这一点：

郭显德先生等人致施博先生

烟台，1874年6月4日

现住烟台和登州的美国公民联名致函驻天津和烟台的美国领事施博先生，期望表达他们对施博先生的感激之情，施博先生在处理最近即墨迫害案件中展示了他的能力和效率。

这一案件的固有难题，加之中国官方制造的重重障碍，以及他们决意坚持不采取任何行动去查清真相，致使这一案件特别难以解决。幸运的是，施博先生知道他的权力，坚定不移地坚持让他们承认了事实的真相。

他坚持和维护维护国家荣誉的决心，收到了令人满意的结果，

---

173 《对外关系》，1874年，第44件附件8，第285页。另可参见卢维廉前揭书，第59页。卢维廉说逮捕了三十名领头闹事的，其中六人判死刑，但在郭显德的请求下，改为从轻处罚。美国的文件没有提到这一点，由于卢维廉在即墨工作多年，他的说法可能是对的。

174 柯纳宓（Cornabe），作者没有说明是做什么的，但显然不是领事馆官员，很可能是当时烟台著名外资企业和记洋行（Wilson Cornabe &Co.）的负责人——译者注。

他作为一个男人和我们国家在中国值得尊敬的代表，赢得了我们的
高度赞赏。

郭显德

梅理士

狄考文

倪维思

海雅西

高第丕

艾卡德（L.W.Echard）[175]

这个案件的解决程序，不仅得到了山东传教士的赞同，也获得了在中国所
有传教士的总体认可。在 1877 年上海召开的传教士大会上，（美国北长老会宁
波差会的）雷音百（J.A.Leyenberger）牧师宣读了一篇论文，题目是《中国本
土基督教徒的条约权利与传教士维护他们权利的义务》。在这篇文章中，他赞
成用条约保护中国本土基督徒。[176]在接下来对这一问题的讨论中，有八位代表
不同差会的传教士发言，其中七位赞成所谓"条约权利"，只有一位广州南浸
信会（the South Baptist Mission in Canton）的代表纪好弼（R.H.Graves）牧师，
至少讲话内容有些不怎么赞成条约里的条款。[177]

---

175 《对外关系》，1874 年，第 44 件附件 12，第 297 页。这封信的七位签署人，四位
　　是美国北长老会的，三位是美国南浸信会的。
176 《中国基督新教传教士大会记录（1877 年）》，第 407-413 页。
177 《中国基督新教传教士大会记录（1877 年）》，第 413-418 页。值得注意的是，如
　　此愿意采用这种习惯做法的狄考文，似乎有时也怀疑这种做法的效用。1870 年他
　　在日记（第 3 卷，第 35 页）中写下了对这种做法效用的看法，他说："如果不下
　　决心彻底摆脱对条约的依赖，依靠宗教信仰前进，或者是像天主教那样不择手段，
　　就必须在进入内地之前，改变母国政府对传教士们的看法。"两年以后，（1872 年）
　　他又在日记（第 3 卷，第 137 页）中写道："总的来说，我越来越认为不应该努力
　　按照中国基督徒的要求去帮助他们。只有让他们感到神才是他们最好最安全的依
　　靠，才会对中国的基督事业有巨大帮助……。我确信，与其说让外国人多宣讲福
　　音是中国基督徒对我们的信任，不如说这样做会导致百姓对他们的憎恨。"

中期 改革、改革受挫、叛乱与转变（1895-1927 年）

第五章 德国占领青岛

一、总论

　　1895 年 4 月 17 日，中日《马关条约》签订，标志着中日战争结束和北长老会山东差会特殊时期的终结。此外，从赎回辽东半岛开始，不得不极其屈辱地以至少二十年的期限出让租借地、任凭列强划分势力范围、接受有利于日本和西方列强的贷款和"强权外交"安排。这一切，宣告广泛影响基督新教和天主教宣教的新时代的到来，向全世界显示了中国的屠弱。当她或者更确切地说是满洲人利用义和拳抗击西方的入侵时，情势更加恶化：种瓜得豆，事与愿违。

　　在山东，中国人眼里最大的敌人是德国。1895 年，德国伙同法国和俄国迫使日本把吃到嘴里的辽东半岛又吐了出来，结果中国投入了俄国怀抱，允许俄国在满洲按照她自己的意愿攫取了所有利益。[1]

　　1890 年俾斯麦（Bismarck）退休以后，德国在浮躁的威廉二世（William II）带领下登上了她的"世界政策新行程"（"new cource of *Weltpolitik*"）。十九世纪末，德国在中国的影响力、商业既来华人数，突飞猛进地增长，很自然，如果中华帝国被瓜分的话，德国也想要分一杯羹。

　　自 1844 年与中国建立条约关系后，法国认为她是在中国所有罗马天主教宣教团体的保护人。这就意味着来到山东南部的圣言会（Steyler Mission——Society of the Divine Word）成员持有法国护照。德国的传教士们开始觉得法国这种保护关系在照顾他们的利益方面缺乏活力。1890 年，鲁南安治泰（Anzer）

1　马士：《中华帝国对外关系史》，第 3 卷，第 47、104 页。

主教在罗马得到教皇准许，德国在山东的天主教会由德国作为保护国。[2]

德帝国很快就在这一新保护者的角色中攫取了利益。1897 年 11 月 1 日夜间，能方济（Franz Nies）神父和韩理迦略（Richard Henle）神父在兖州附近一个小村庄张家庄（Changchia chwang）薛田资（Stenz）神父处做客，被一帮约三十人的强盗杀害，后来猜测他们可能是大刀会（Ta Tao Hui）成员。11 月 6 日，这一消息传到了柏林，同一天，德国远东舰队司令棣利士（Diederichs）奉命向胶州进发。11 月 13 日，德国由"凯撒号"（Kaiser）、"威廉王妃号"（Prinzess Wilhelm）、"阿克纳号"（Arkona）"科摩罗号"（Comoran）组成的舰队抵达胶州湾；11 月 14 日，六百名海军登陆并占领了战略要地，随后向中国人发出通牒，限三小时内撤出青岛要塞。中国人屈服了，一千五百名士兵撤到了现在的青岛以西十英里处的沧口（Tsangkou）。[3]

经过旷日持久的谈判，中国最终同意了下列各点：[4]

1. 山东巡抚李秉衡革职，永不再担任高级职务。德国点名的六名其他山东高级官员革职并予惩处。

2. 中国支付德国在山东的传教士 3,000 两白银，作为他们物质损失的补偿。

3. 中国政府同意支付 198,000 白银建造三座教堂，济宁（安治泰主教已经开始建造）、曹州府、巨野县各一座。中国也同意为曹州府和巨野县建造的教堂提供土地，并支付 24,000 两白银在曹州府建造七处传教士住宅。

4. 中国皇帝发布一道特别谕令，允诺中国人保护传教士。

除了以上四条，关于两名被害传教士的赔偿问题，经过长时间的讨价还价，中国又同意补充以下两点：[5]

6. 德国人独享在山东建造铁路和开采煤矿之权。

7. 准予德国在胶州建立海军基地。

---

2 诺勒姆：《胶州租借地》（Norem, *Kiaochow Leased Territory*），第 6 页；韩宁镐前揭书，第 251 页。

3 诺勒姆前揭书，第 29 页。另可参见戈德歇尔：《三面旗帜下的青岛》（Godshall, *Tsingtau Under Three Flags*），第 107 页。

4 戈德歇尔前揭书，第 37 页。

5 马士：《中华帝国对外关系史》，第 3 卷，第 107 页。另可参见戈德歇尔前揭书，第 108 页。

1898年3月6日，中德两国在北京签署了一项协定。[6]根据这一协定的相关条款规定，进出胶州水道以及湾内所有岛屿和水面，包括胶州湾陆地551.54平方公里全部土地，租借给德国，租期九十九年；德国获得了一些专享权利，包括在胶州湾一百华里（约合三十英里）调动德国军队；整个山东为德国势力范围；德国有权在山东境内建造两条铁路，一条从胶州到省城济南，另一条从胶州城到沂州府，再从沂州府到济南；德国有权开采铁路沿线三十华里以内所有矿产。

德国在胶州湾北入口的东南端青岛村的位置构筑防御工事，建造了伊尔蒂斯（Iltis）和俾斯麦（Bismarck）两座永久性要塞，除了两座兵营之外，还有一些临时性的建筑。估计德国花费了15,000,000马克构筑防御工事，1,700,000马克建造各种军事设施。[7]但是，这些数目的花费，并不足以将青岛置于一流防御状态。德国很可能学习了俄国在旅顺港努力构筑防御工事的经验，可能希望港口保持一支攻击舰队和陆军进行防御，能够支撑到国内援军的到来就可以了，不想花费更多的钱来进行军事设施建设。

德国资本家一开始就对建造铁路感兴趣，1899年成立了山东铁路公司（Shantung Eisenbahn Gesellschaft），资本54,000,000马克。[8]

1899年6月1日，特许组建了山东矿业公司（Shantung Mining Compony），开采德国煤矿，资本12,000,000马克。该公司在潍县东十英里处的坊子以及博山开矿，但由于煤矿不能获利，遂合并于山东铁路公司。[9]

德国人占领胶州的举动，自然招致了中国人的怨恨，但在山东，德国人各类完全现代化的市政法规以及对这些法规一丝不苟地执行行为，却广泛影响了中国人。中国人很快就学会了每当德国官方发布命令时，他们就立即暗中跟随照着去做。

青岛德国市政当局的许多做法，事实上成了中国的样板。1902年10月1日，强制接种天花疫苗，首次不接种处以20马克罚金，再次违反接种规定，处以50马克罚金或两星期监禁。[10]同年，所有狗每年每只征税十元，[11]1903

6　海关：《中外约章》，第2卷，第208-214页载有这项协定全文。

7　戈德歇尔前揭书，第127、128页。

8　戈德歇尔前揭书，第112页。

9　诺勒姆前揭书，第134页。

10　莫尔：《胶州保护地便览》（Mohr, *Handbuch fure das Schutzgebiet Kiautschou*），第190-193页。

11　莫尔：《胶州保护地便览》（Mohr, *Handbuch fure das Schutzgebiet Kiautschou*），第284页。译者按：作者这里没有标明货币单位，应视为中国银元。

年，宣布所有在街上"自由"溜达的狗必须带上笼头。[12]1906 年，宣布每个烟筒每年至少要打扫两次；[13]同年，德国市政当局设立市政接生员和市政公共卫生护理员制度。[14]1909 年，为了减少感染瘟疫的风险，德青岛当局发布命令，要求船上的死老鼠不能扔到海里去，必须交给市政警察，违者处以三年监禁。[15]

青岛的开明土地税制度不禁使人想起亨利·乔治（Henry Geoge）的"单一税"（Single Tax）。德国从中国人手里购买建设新港口需要的土地，然后出卖。一般情况下，购买者必须每年支付所购土地价格6%的税款，再次出售或转手土地，必须从自市政府购买之日算起支付所售或转让土地价值百分之 $33\frac{1}{3}$ 的增值税；如果购买了土地之后不再出售或转让，这一"非劳动所得增值"的百分之 $33\frac{1}{3}$ 税负，则要向市政府每二十五年交一次。[16]

二、德人占领胶州对北长老会山东差会的影响

德国人占领胶州最明显的永久性影响，或许是北长老会山东差会的工作中心从山东东北部的烟台和登州向山东中部转移。很显然，青岛作为外国人进入的港口的发展，必然引起烟台的重要性相对衰弱。济南、潍县通过便捷的铁路同一个外国人掌控的在青岛开设的新基地连接起来，很明显两地的重要性也会有极大的提升。最后必然是登州文会馆的问题，如果它要完成自己的现实使命，就必须迁移到新建铁路沿线的某个地方。[17]

---

12 莫尔：《胶州保护地便览》（Mohr, *Handbuch fure das Schutzgebiet Kiautschou*），第124 页。

13 莫尔：《胶州保护地便览》（Mohr, *Handbuch fure das Schutzgebiet Kiautschou*），第109 页。

14 莫尔：《胶州保护地便览》（Mohr, *Handbuch fure das Schutzgebiet Kiautschou*），第171-173 页。

15 莫尔：《胶州保护地便览》（Mohr, *Handbuch fure das Schutzgebiet Kiautschou*），第199 页。

16 莫尔：《胶州保护地便览》（Mohr, *Handbuch fure das Schutzgebiet Kiautschou*），第238-240 页。

17 1899 年 9 月 5 日，威廉二世皇帝的兄弟海因里希（Heinrich）亲王为山东铁路开工典礼破土。建筑工程一度被义和拳打断，直到 1901 年 4 月 8 日才修到胶州。1902 年修到了潍县（大约去济南路程的一半）；1903 年 6 月 12 日，修到了青州，1904 年 6 月 1 日，修到了西部终点站济南。这条铁路为标准轨距，全长 240 英里，设 56 个站点。参见法思远前揭书，第 125 页；另可参见莫尔前揭书，第 475-478 页。

对北长老会山东差会在潍县和济南的各布道站来说，德国人的到来和山东铁路的建成，在许多方面都意味着根本性的改变。青岛和济南这时都有了德华银行（Deutsch-Asiatische Bank），为传教士们提供了现代银行服务。陆路到青岛旅行，过去需要走十天，这时十个小时就到了。过去外出不得不在狭窄有时还很肮脏的小客栈就餐，传教士们这时可以在设备良好的餐厅享用可口的欧洲饭菜了。而在潍县，笔者可以每天在报纸刊印大约十二个小时后收到他们出版的《青岛新报》（Die Tsingdauer Neueste Nachrichten）[18]，甚至中午可以在潍县餐厅里吃上一份早上在青岛餐厅放在冰上运送过来的新鲜牛排。便捷旅行有了可能，每天都可收到当天的报纸、信件，在潍县和济南的传教士们眼里，寄送汇票、接受内地和各通商口岸乃至国外的包裹等，可能都确实发生了革命性的变化。[19]先驱宣教士时代的孤寂一去不复返了。青岛有海军乐队、私人或公共举办的音乐会、演讲会、艺术展等，这里的差会布道站成员得以享有在家乡享受的优厚待遇了。

三、1898 年：德国占领后美国北长老会在青岛开设布道站

尽管郭显德博士在德国人占领胶州之前就在新建港口周围地区传道数十年了，虽然伊威廉（W.C.Elterich）博士、卫礼士（Masson Wells）先生、德位思（L.J.Dvies）牧师跟随自身先辈的脚步来这里传道，但北长老会山东差会从未派过任何一位外国人作为永久常驻青岛的传教士。德国人占领胶州伊始，德国新教差会即尾随帝国军队而来，北长老会山东差会认识到，如果要保持在青岛连续不断地开展工作，争取合适的皈依者，对他们进行有效的训练和牧养，派遣常驻那里的外国传教士变得紧迫起来。因此，1898 年 5 月 18 日在烟台召开了山东东部长老会差会会议，采取了以下行动："议决同意尽可能快地派柏尔根先生和柏尔根夫人去青岛，照管那里的工作，但他们依然要保持同烟台布道站的联系。"[20]柏尔根牧师和柏尔根夫人是第一批住在青岛的长老会传教士，

18　《青岛新报》首发于 1904 年 12 月 1 日；但周刊《德华汇报》（*Deutsch-Asiatisch Warte*）、《胶州租借地政府公报》（*Amtlicher Anseger des Kiautschow Gebietes*）发刊于 1899 年 1 月。

19　1903 年夏，几乎是在第一辆火车通行之前，济南就有了第一家旅馆，这家旅馆由青岛的克里彭多夫（Krippendorf）管理。参见《北华捷报》，1903 年 8 月 7 日，第 284 页。

20　《北长老会山东东部差会备忘录（1895-1903 年）未刊稿》，第 176 页。

《德华汇报》显示他们是 1898 年秋季搬迁到青岛的。[21]数年间，他们住在伊伦娜大街（Irenestrasse）称为"安娜别墅"（Villa Anna）自己的房子里。

与魏玛差会（Weimar Mission）未发表的通信表明，至少在最初阶段，德国人不太愿意非德籍差会在那里开设布道站，特别是要在租借地以内地区开办新学校的差会，不过，各新教差会和传教士们很快就学会了在一起和谐地开展工作了。[22]

---

21 《德华汇报》，1899 年 2 月 3 日，第 3 页。另可参见《教务杂志》，第 30 卷，第 49 页。

22 魏克尔：《胶州：德国在东方的领地》（Weicker, *Kiautchou, das deutche Schutzgebiet in Ostasien*），第 188、189 页。

第六章　1900 年：即将来临的风暴
——义和拳叛乱

进入二十世纪，没什么比所谓义和拳叛乱留给北中国传教士们更为强烈的印象了。这是一次短暂的感情强烈的反作用力表现；是中国拒新留旧的最后尝试。然而，即使是满洲人最终也不可能阻止时代的进步。一般来说，正像人们所讨论的，没有大动荡是由单一原因造成的，而通常是在复杂局势下各种交叉潮流冲撞汇合所形成的。义和拳运动爆发比较重要的原因有以下几点：

一、1894-1895 年：中日战争

中国在短暂的战争中惨败于日本之手，引起了相对少数的中国人——几乎全部是受教育阶层——渴望看到自己的国家达到日本和西方国家的发展水平。[1]这些相对少数人播下了改革的种子，萌发成长为对满洲人治下的中国很多方面相当普遍的不满情绪。

二、1897 年：德国人在山东——占领胶州

毫无疑问，义和团运动的一个重要成因是德国人占领胶州，以及随之而来

1　参见任何一部关于中国的正规历史书籍；也可参见马士：《中华帝国对外关系史》，第 2 卷，第 221 页后各页。

的在山东各地的采矿和铁路工程技术人员的修路活动。[2]开矿和修建山东铁路肯定是德国人与中国人之间冲突和敌意的根源。一般说来，德国人不太注意中国人对他们的祠堂、坟茔和墓地的敏感和迷信，结果就导致了整个整个的村庄群起反对德国工程师和采矿、修路的工人，而德国人则派出军队来扫除修路和采矿的障碍。[3]1900 年 2 月 26 日，美国驻华公使康格（Conger）向美国国务卿海约翰（John Hay）报告说，"德国人已经开始在山东内地建造某些铁道，开采某些矿产。山东内地人民不喜欢这些工程，有些地方已经引发严重冲突，其他地方的冲突也可能随之而起，普遍的排外情绪可能迅速增长，导致的间接结果是传教十和其他外国人要遭受磨难。"[4]

三、1898 年：百日维新

对中国虚弱落后的认识，催生了改革派，他们认为应该引导他们的国家走上宪政改革之路。自 1898 年 6 月 20 日至 9 月 18 日，光绪皇帝在主要的建议者——改革者的伊拉斯莫斯（Erasmus）康有为的帮助下，发布了一大堆令人眼花缭乱的开启各种各样改革的诏令。[5]所有改革的目的毫无列外都是值得赞赏的，但是，全部改革措施都过于仓促，因此很可能要遭遇一个反动时期。

---

2 卢维廉（前引书第 60 页）在即墨待了许多年见证了由于德国人占领胶州在中国人中引起的敌意，他描述说："……1897 年，德国占领胶州后，在中国民众中引起了巨大骚动，当时即墨人对德国人的敌意就更不用说了。"
山东南部的罗马天主教主教安治泰 1899 年在他的年度报告中认为，德国占领胶州是山东中国基督徒遭受迫害的第一和主要原因。参见《德华汇报》副刊，1899 年12 月 24 日，第 1 页。
一个公认的事实是，那时俄罗斯也紧盯着胶州，1896-1897 年俄罗斯舰队就在胶州湾过冬。《北华捷报》驻潍县记者 1897 年 4 月报道说（参见 864 页），俄罗斯舰队还停泊在胶州湾。俄罗斯人修建的一条小水泥路，至今还在。

3 戈德歇尔前揭书，第 131 页；马士《中华帝国对外关系史》，第 3 卷，第 169 页。1899 年 6 月 23 日青岛《德华汇报》报道说，八十名海军和十五名火炮手被运送到高密去保护那里的铁路工人。魏克尔说，派出了两个连、十五名骑兵，携带四门野战炮和两挺机关枪，去高密保护修筑铁路的工人。1900 年 2 月 2 日，高密的一支中国武装力量，赶走了五名德国工程师，抢劫了他们的办公室，结果不得不再次派兵前往。参见魏克尔前揭书，第 207 页。

4 《对外关系》，1900 年，第 101、102 页。

5 山东除了每个府一所，大的村镇一共要建 240 所"西学"学堂，省当局聘用一名登州文会馆毕业生巡视全省，解释所要开设的课程，并帮助开设这些改革的学堂。参见《北华捷报》，1898 年 8 月 22 日，第 339 页。
这种"改革"热情唤起了沂州人的想象力，以至于一位女传教士迫于民众的压力，开办了一个很大的英语班。参见 1898 年 8 月 15 日《北华捷报》，第 292 页。

四、1899 年：形势逆转或改革受挫

不长时间局势即发生了逆转。1898 年 9 月 22 日，慈禧太后在得到了军队支持的情况下，监禁了光绪皇帝，重新控制了政府。公开宣布要解除改革者的职务，逮捕并立即处死康有为和六名广东改革者。满洲人和他们的追随者这时得势了，于 1898 年 9 月 26 日发布了一道"综合性谕令"，废除了最近开启的许多改革。[6]

在这些闪电般的逆转之后，各省爆发了许多排外事件。[7]更糟糕的是，中国军队的忠诚和服从，特别是在北京，是不能指望的。[8]

早在 1897 年 7 月 10 日，美国驻华公使田贝就赠致函总理衙门，以下为该函的部分内容：

我于 1897 年 2 月 11 日曾汇寄阁下一份文件，该文件是经尊敬的国务卿授意准备并经他批准的，讨论了预防排外暴乱计划的问题。在那份文件中，列举了五个要点，请求阁下予以答复解决，这五个要点可概括如下：

1. 正式承认美国传教士有权在内地居住的事实。

2. 专门说明他们有权购买土地。

3. 中国决定由包括总督、巡抚在内的各级官员对凌辱传教士的行为负责。

4. 适当惩罚犯罪或玩忽职守的官员。

5. 寄发一道皇帝上谕给各级衙门，该上谕包含上述规定内容。

1897 年 2 月 19 日，阁下对上面提到的文件大致给予了如下答复：

关于上述第一点，阁下承认根据条约，美国传教士有权在内地居住，并认为无需再发布任何正式谕令。

关于第二点，阁下承认美国传教士应该享有与法国传教士同样的权利。[9]

关于第三点，阁下承认应对不采取预防措置防止暴乱的地方官员予以惩处，但却排除了对总督、巡抚在这一点以及第四点中提到的当他们辖区内发生排外暴乱时应受到的惩处。

6　马士：《中华帝国对外关系史》，第 3 卷，第 146-149 页。

7　马士：《中华帝国对外关系史》，第 3 卷，第 151 页。

8　马士：《中华帝国对外关系史》，第 3 卷，第 152 页。

9　《对外关系》，1897 年，第 67-69 页。

阁下认为如果'对官员施以严惩，他们就不会适当处理传教士的案子，中国百姓就会瞧不起他们，'不打算照我们提出的建议去做……。

我多么希望贵国所做的一切能避免排外暴乱发生。希望贵国在这方面的行动向世界证明她的品格和信誉。贵国已不再与世界隔绝，已经以债务国的身份进入了世界市场，已经在改革内政方面做了大量工作，正日益以新的姿态注视着人类。但是，暴乱日复一日地发生，所有报纸都有关于对外国人施暴的报道……。

夏天这个暴乱的季节就要到来。现在是采取行动的时候了。

下发一纸强劲有力、真心实意的告谕至贵国每一个衙门，不仅仅是低级衙门，告知每一位官员，无论是低级官员还是高级官员，辖区内发生排外暴乱，均将受到相应的惩罚。如是，将引起一片欢呼喝彩声，和平将得到保障，也可免去阁下未来的烦恼和损失……。

动动笔就能为贵国带来尊重和荣誉，使人类避免伤害。贵国的总督巡抚们有能力防止暴乱，但愿光绪皇帝陛下能让他们明白：他们的疏忽可能要付出生命代价。[10]

很不幸，北京当局几乎没有或者是根本没有理会这些警告，结果暴乱和排外情绪持续发酵滋长。一场叛乱正在酝酿之中。

五、1899 年：传教士的官员身份

虽然在反教时期中国政府在很多方面对她的批评和外交交涉不予理睬，但 1899 年 3 月 15 日却发布了一道诏令，似乎是对一些指责作出回应，至少是部分回应，该诏令给予罗马天主教传教士以官员身份。不管怎么说，如果这道诏令中的那些规定被普遍接受下来，那么，当时主要应该在在北京外交交涉解决的一些"传教士问题"，无疑将由地方上来解决。

这道诏令明确规定罗马天主教传教士所谓的"官员身份"的等级或级别如下：[11]

---

10 《对外关系》，1897 年，第 67-69 页。

11 该诏令全文参见《教务杂志》第 30 卷，第 462、463 页；《北华捷报》，1899 年 5 月 22 日，第 928 页；马慕瑞：《列国对华约章汇编（1894——1919 年）》（MacMurray, *Treaties and Agreement with and Concerning China: 1894-1919*）第 1 卷，第 718 页；布朗前揭书，第 289-290 页。

（1）承认天主教主教职衔与中国地方督抚品级相当，可拜会督抚，平等通信。

（2）摄位司铎即代理主教和副主教相当于中国"省级藩台、臬台以及道台"。

（3）普通司铎有权"要求与府、厅、州、县各级官员会见"。

关于中国政府在这一诏令中作出的相关规定的真正原因，观点不一。有人断言这是法国公使为了政治目的从中国政府手中抢夺特权；另一些人坚持认为，这是罗马天主教传教士经常在诉讼中保护他们的信徒政策的结果；而也有人认为，这是"中国国家试图吸收消化外国宗教"，通过把许多法律案件放到地方解决的办法，减少外人对北京的外交压力。[12]这些看法，似乎没有一种是充分的，很可能是这三种理由合力促使中国政府发布了这道诏令。

最初新教徒也赞成基督新教传教士获得同样的特权，如果不令人吃惊，也是值得注意的。1899 年 8 月 19 日在北戴河召开的传教士大会以及上海传教士协会（Shanghai Missionary Association）两大新教团体都表示他们赞成获得同样的特权。此外，笔者借阅的未经刊发的通信，清楚地表明公理会（Congregational）、长老会、卫理公会（Methodist Episcopal）、美国北浸礼会（American Baptist Missionary Union）、归正会（Reformed churches）各宗派海外宣教总部秘书代表各自教派于 1899 年 7 月 1 日致信美国国务卿海约翰，吁请海约翰依据美国条约中最惠国条款，指示或授权美国驻华公使为美国在中国的传教士获取同样的特许权。

当向美国国务卿吁请的消息传到中国，在青岛的柏尔根牧师向山东新教传教士发出了一份抗议美国新教传教士获得这种所谓的"官员身份"的申诉书。柏尔根列举了以下几条反对要求"官员身份"的原因：

1. 这些特权不过是法国公使从中国当局那里为法国夺取的政治利益。那么，鼓励美国政府采取同样的行动是明智之举吗？

2. 新教的天赋就是反对这种从根本上说是世俗本质的职衔。

3. 把不同等级的职衔分配给从宣教士团体中选择出来的个人，让他们代表那个团体出现在不同等级的官员们面前，将改变我们迄今为止设想的政策，这是一种值得怀疑的价值观的改变。

---

12 施达格：《中国与西方：义和团运动的起源与发展》（Steiger, *China and Occident: the Origin and Development of the Boxer Movement*），第 97、98、99 页。

4. 这样一种政策将有助于证实中国官员中对基督教差会公正无私本质的冷嘲热讽的怀疑。

5. 我们认为，明白无误地拒绝追寻或打算获得天主教这种特权，将加强基督新教的地位。中国的官员们将对我们少些猜忌和不信任，或许会更易于倾听我们以一种和平的、非正式方式的申诉，而不必诉诸外交要求。

6. 对我们基督新教来说，效法我们一直予以最严厉批评的天主教那部分的政策，即寻求政治职衔和权力，将是令人遗憾的。

所有在上述柏尔根申诉书上签名的二十三名传教士都强烈反对为基督新教传教士获取官员身份，但有一点例外。狄考文在他的回复中表示，他认为"在牵涉基督新教和罗马天主教的案件中"，基督新教传教士后应该将自己放在"与罗马天主教神父不相上下的位置上"。几乎所有人都不认为柏尔根申诉书中的第一款是"可能很难证明的问题"。关于这一问题，在1900年2月28日写的一封信中找到了很有价值的信息，这封信是济南布道站的韩维廉（W.B.Hamilton）牧师写给称呼为"亲爱的弟兄"（Dear Brethren）的。在这封信中，韩维廉说美国驻烟台领事福勒（John Fowler）建议谨慎从事，不能认为新教传教士"因为仿照天主教获得了与之一样的所有特权，就不招致憎恨"。韩维廉补充说，1898年12月，他以及包（Partch）牧师和路易斯（Lewis）医生[13]拜访了袁世凯，没过几天他就成了山东巡抚。在那次会见中，袁表示他本人强烈反对天主教，反对发布诏令给予天主教传教士官员身份。[14]此外，袁告诉他们说，如果他们有什么事情，他会像接待天主教传教士一样接待他们。最后，韩维廉先生说，自他们与袁世凯会见之后，美国公理会的明恩溥（Arthur H.Smith）牧师、查宾（M.Chapin）牧师也就"大刀会"的问题会见了袁世凯。

除了山东之外，很多基督教传教士也都表示他们反对获取"官员身份"，结果是基督新教从未获得过天主教传教士的那些特权。[15]另外，1908年3月12日，中国政府废止了授予罗马天主教传教士官员身份的诏令。[16]

---

13 Lewis，又作陆长乐——译者注。

14 1898年第，清朝中央政府还没有发布给予罗马天主教传教士官员身份的诏令，不知袁世凯为什么会在这个时候提及这件事情——译者注。

15 参见《教务杂志》，第31卷，第238-242页一篇关于"传教士身份"的文章。

16 马慕瑞前揭书，第1卷，第717页。

第七章　义和拳风暴

一、1900 年：拳民运动

即使清政府真的希望通过 1899 年 3 月 15 日的谕令改善事态，但结果令人十分失望。局势非但没有改善，反而愈益恶化了。

至于说山东，她自身已经陷入了麻烦之中。1899 年，在山东东南部的沂州地区发生了一系列针对宣教团体的骚乱，矛头既指向了罗马天主教，也指向了基督新教。3 月 21 日，德国人派出了一支 120 人的军事特遣队前往青岛西南 60 英里处的日照，到那里去惩罚监禁、虐待一名德国罗马天主教神父的行为。这次惩罚行动包括占领日照县城七个星期、逮捕了 5 名读书人作为人质带回了青岛。[1] 3 月 22 日，距沂州 15 英里处的两个村庄的居民攻击了一名德国陆军中尉和一名工程师，德国人派出了 125 名士兵前去报复，烧毁了闹事的这两个村庄。[2]

有意思的是，据美国驻华公使康格说，[3] 沂州的美国北长老会的传教士们曾"派人请求德国青岛总督准许德国军队进驻沂州府，并留在那里以作一般保护"。但是，这一要求到达总督那里太晚了，因为德国士兵们这时已经走在了

1　《对外关系》，1899 年，第 168 页；另可参见《德华汇报》，1899 年 5 月 25 日，第 2 页。

2　《对外关系》，1899 年，第 168 页。关于这次报复行为，1899 年 4 月 12 日《德华汇报》第 3 页报道说，德国军队给了这两个村庄两个小时的时间，让村里人搬走他们的东西，炸毁了石砌的建筑，但保留了庙宇和宗祠。

3　《对外关系》，1899 年，第 168 页。

他们返回胶州海岸的路上。[4]

1898、1899 年间，沂州宣教区骚乱不断，发生了大量迫害本地基督徒和排外示威活动。1898 年 12 月，方维廉、纪利宝（C. A. Killie）和富维思（W. S. Faris）先生在沂州宣教区从事广泛调查活动时，在一个小村庄林村（Lin Tsun）被从何家楼（Ho Chia Lou）来的人在中国小客栈里拘禁了四天。信差把他们受困的消息传到了沂州。当时沂州布道站没有男人在，方维廉夫人接到了消息，"换上了她最好的衣服，拜访了知府（Chih Fu——当地主管官员）的妻子，"[5]知府夫人把这个案子告诉了丈夫。这位官员派出了一些士兵前去营救被困的传教士，几天以后，这几位传教士安全地回到了家里。然而，这位主管官员敦促传教士们要留在沂州府城，没有士兵护送不要外出旅行。[6]

本地基督徒财产损坏相当严重，章嘉礼（Charles F. Johnson）医生和方维廉牧师要求为沂水、日照和莒州损失的财产赔偿 1,635,000 大钱，或者说是约 2,000 大洋，[7]这一要求最终只赔付了 300,000 大钱，不足最初要求的五分之一。[8]这两位先生不仅向中国政府提出赔偿中国基督徒财产损失的要求，而且通过外交途径，提醒美国政府应当以下述方式履行自己的职责："我们坚持认为，外国政府不能坐视不理，眼看着中国基督徒遭受围攻、被赶出家园，甚至遭到残忍屠杀，因为他们已经接受了中国人普遍而且正确确认与这些国家一样的宗教。这不仅仅是直接违反了条约，而且在逻辑和实际上导致了对外国政府的

---

4 德国公使在 1899 年 3 月 21 日给康格先生的短信中说，"我非常高兴地通知阁下，奉本国政府的指示，已电告胶州总督，请他下令指挥远征队的军官密切关注居住在沂州府地区的美国传教士，为他们提供保护。"

"我想阁下是否能在方便的时候通知贵国在沂州府的传教士们，我们远征队的指挥官已经接到保护贵国传教士的指令。"参见《对外关系》，1899 年，第 166 页（第 181 号）。

这在相当程度上是暗示说德国政府不能要求他们的军队去沂州府保护在那里的美国传教士，除非美国当局明确提出这样的要求。然而，康格先生在 1899 年 4 月 17 日报告其他事情的时候提到："我确信，德国目前很高兴应邀派遣军队前往沂州府保护在那里的美国传教士。"参见《对外关系》，1899 年第 168 页（第 191 号）。

5 明恩美：《沂州教会史——（手稿）》（Fleming, *Church History-Ichow*——in manuscript），第 15 页；参见《对外关系》，1899 年，第 156、157 页载纪利宝、富维思、方维廉一封记述他们经历的信函。

6 明恩美前揭书，第 15 页。

7 《对外关系》，1899 年，第 174 页。

8 《对外关系》，1899 年，第 177-178 页。

普遍蔑视，以及对外国人人身和财产的任意攻击。"[9]

下述美国烟台北长老会的先生们递交给美国驻烟台领事福勒（John Fowlet）的一份抗议书，对上述事件做了富有启发性和很有意思的评论，这份抗议书最终辗转到了美国国务卿海约翰那里：

（附件一）

郭显德等先生致福勒先生

中国烟台　1900 年 2 月 14 日

亲爱的先生：

我们美国烟台北长老会布道站成员认为，德国人在山东省开发矿产和修建铁路的活动，正在将美国传教士的生命财产和他们的家庭置于危险之中，因为当地中国人极其反对这些活动，他们根本分辨不出外国人的国籍。

举几个例子，以资证明。去年年初，因为一小队德国人在从胶州海岸去沂州府路上遭到了攻击，租借地当局便派出了一支远征队登陆前去惩罚那些骚乱者。这一事件发生在距沂州府 25 英里内的地方，给传教士们带来了不少的危险。尽管应该有指令要他们保护传教士，但我们明白他们不能提供足够的保护。我们理解，当我们的人同上述远征队的指挥官联系，询问保护事宜时，他们得到的答复是如果需要保护的话，他们应通知他。[10]这种保护比没有还要糟糕。另一个例子是去年春季，我们这里差会资深成员郭显德博士在德国租借地辖区即墨巡回布道，[11]一伙德国兵与一帮中国人发生了冲突，有三名中国人被杀。结果，三名被杀中国人的亲戚朋友在乡间到处游荡寻找一些他们可能报仇雪恨的外国人，郭显德博士遭遇了这一巨大危险。去年秋天，一名德国勘探员与两名同伴在泰

9　《对外关系》，1899 年，第 174 页。该书第 177-178 页载有两封章嘉礼与方维廉签名的信函、一封章嘉礼、方维廉和纪利宝签名的信函。

10　本节前述表明，请求保护的要求到达胶州租借地总督那里，他会批准进行这样的保护行动，但来不及执行。译者按：作者这里原注释是"参见第 233 页……（Cf.p.223……）"，本书第 223 页无此内容，似页码标注有误，或是原手稿页码，故根据本节记述内容改译为"本节前述表明"。

11　即墨不在"德国管辖区"，而是在所谓的中立区，参见诺勒姆前揭书，第 88 页，地图一。

安府城附近和一伙中国独轮车夫发生了冲突。中国人声称他们有个人被德国人杀死了，于是就尾随德国人进了泰安城，到城里后到处宣扬鼓动说外国人杀了中国人，于是居住在城里的美国传教士们的生命就频临危险，这几个德国人停下来过夜，就与有些传教士住在一起。在那之后，一名英国传教士卜克斯（S. M. Books）牧师就在那一地区被惨忍地杀害了。就在最近，一些德国煤矿工程师在潍县15英里处遭到了一伙暴徒的攻击，这些德国人杀死了三名暴徒，打伤了几名之后，逃进了潍县美国长老会大院里，他们一直被追着跑了7英里。

我们认为，我们在内地的朋友遵照人性的要求，在当时的情况下接纳这些人，尽可能地帮助他们，是完全正确的，可我们觉得，从另一方面看，应该想到德国人的这些行为正在把美国公民和他们的家庭暴露于危险之中，因为这些美国公民的夫人和孩子们不能像他们自己一样那么容易逃命，不能像他们那样无障碍地武装自己。

鉴于上述情况，作为美国公民，我们恭敬地要求我们的政府提请德国政府注意这些情况，要求他们给他们在山东的代表下达指令，不要毫无必要地把美国公民置于危险的境地，一旦他们无论直接或间接地将美国公民暴露在危险之中，应保证为美国公民提供适当的保护。我们觉得这一要求并不过分，尤其是在美国传教士根据条约在这个省宣教四十年，并相对说来还算平稳的情况下。但是现在，由于德国人进来了，我们的生命、财产和工作不同程度地面临危险，因此，无论是德国政府还是胶州租借地当局，都应当保证给予我们适当的保护。

我们相信，我们尊敬的政府能明白我们的要求是公正的并据此采取行动。

因此，亲爱的先生，如蒙将我们的吁求上达华盛顿有关当局，提请他们关注此事，则我等不胜感激之至！[12]

您忠顺的仆人

郭显德

---

12 参见《对外关系》，1900年，第101、102页。

韦丰年（Geo. Cornwell）

伊维廉（W. C. Elterich）

倪文思（Wm. John L. Nevins）[13]

大量证据清楚地显示，1900 年初，山东处于非常混乱的状态。不过，幸运的是，美国政府有一位个人能力很强、精明能干的驻烟台领事福勒，他同美国驻北京的公使就山东的情势发展保持完全迅捷的沟通。福勒先生一位最值得信任的助手，是长老会济南布道站的韩维廉（William B. Hamilton）牧师。[14]福勒先生根据韩维廉牧师提供的关于义和拳的活动情况，及时通报北京公使馆，美国公使馆则据此于 1899 年 11 月 16 日向总理衙门送达了一份"口头照会"，称：

> 鉴于上述报告，美国公使馆要求总理衙门立即电示山东巡抚，
> 确保为居住在山东的美国公民的生命和财产提供条约保证的保护；
> 进而，立即逮捕参与骚乱者，并予以审判和惩罚。[15]

1899 年 12 月 4 日，福勒发给康格公使两封关于济南情况的电报，其中一封说：

> 韩维廉电告：抢劫继续，暴行升级，烧毁中国教徒的房屋，迄今有四十五家家庭被洗劫。巡抚拒绝听从下属或美国人的建议。[16]

第二封电报传达了下述信息：

> 韩维廉电告，巡抚不作为。星期六，距济南二十英里处，为所欲为的暴徒在增多。十四个家庭遭抢劫，军队就在两英里外，没有提供帮助。[17]

1899 年 12 月 31 日，英国圣公会安立甘堂（Society for the Propagation of the Gospel——missionary society of the Anglican High Church）牧师卜克斯在平

13　笔者不能确定这封吁请书上最后一位签名者的身份。最后签名的不可能是倪维思，因为他已经在 1893 年去世了；另一方面，查阅可利用的档案，烟台布道站从未有个姓 Nevins 的成员。

14　1905 年 6 月 7 日，韩维廉先生被任命为美国驻中国领事代表，任职数年。他的任命书至今仍由他的遗孀 W·B·韩维廉夫人掌管。

15　《对外关系》，1900 年，第 78 页。自 1899 年 4 月 9 日起，臭名昭著的毓贤担任山东巡抚，他后来在山西杀害了很多传教士。他订购了大量"抬枪"（two-man guns），花 2,000 两白银购买竹制盾牌，花 3,000 两白银购买长矛，解了他管辖的机构中所有"受外人训练"的人士，这些足以证明他的反动倾向。参见《北华捷报》，1899 年 6 月 26 日，第 1155 页。

16　《对外关系》，1900 年，第 82 页。

17　《对外关系》，1900 年，第 82 页。

阴被一伙声名狼藉的"大刀会"成员野蛮地杀害了，平阴位于泰安西 25 英里处，卜克斯到那里去拜访他的姐姐布朗（Brown）夫人。[18]

有大量充分的理由相信，山东巡抚对目前无法无天的混乱局面负有主要责任。1899 年 12 月 7 日，康格在向美国国务卿海约翰报告其他事情时说，"现在普遍认为，山东巡抚毓贤是个强烈的排外者，相信他正在尽一切办法做他能做的和将要做的事情。"[19]康格报告说，他甚至已经"建议需要通过适当方式解除他的职务"，[20]他向海约翰国务卿报告说，12 月 6 日，毓贤被解除了巡抚职位，袁世凯署理山东巡抚。[21]美国公使认为袁"是个有能力、勇敢、无畏的人"，他以前"与外国人有深切交往"，如果中国皇帝给他下达正确的旨令，他将会制止骚乱。[22]

虽然袁世凯现在担任山东巡抚，但朝廷的谕令给人的总体感觉是鼓励而不是遏制拳民。不管怎么说，拳民运动继续在山东境内和中国北方一些省份蔓延。在大多数外国人看来，袁世凯在山东最初的态度是极其令人失望的。[23]袁所做的不外乎发布张贴告谕，从而足以获得朝廷欢心，1900 年 3 月 14 日，他从署理巡抚升任实授巡抚。[24]

山东北部的直隶（河北）省，局势急剧恶化。结果，5 月 31 日至 6 月 3 日，英、俄、法、美、意大利、匈牙利从天津派出了 451 名武装人员前往北京保护使馆。[25]虽然天津至京城的铁路 5 月 28 日被切断，但临时进行了修复。6

---

18 马士：《中华帝国对外关系史》，第 3 卷，第 173 页；法思远前揭书，第 173 页；韩宁镐前揭书，第 455 页。

19 《对外关系》，1900 年，第 77 页。

20 《对外关系》，1900 年，第 77 页。毓贤被称之为"拳民的守护神"，他误以为拳民明白他们可以"抢夺、劫掠、焚烧"，但不可以"杀人"。参见《北华捷报》，1899年，12 月 27 日，第 1263 页，以及 1900 年，3 月 21 日，第 495 页。

21 《对外关系》，1900 年，第 78 页。

22 《对外关系》，1900 年，第 78 页。

23 传教士们发现，最令人生气的是袁世凯要求他们"除非完全必要"，不要外出旅行，而且只有在他派士兵护送的情况下才能外出。这导致《北华捷报》的编辑宣称袁"已经显示他的威风了"。参见《北华捷报》，1900 年，3 月 21 日，第 495 页。然而，韩维廉牧师在他未公开出版的《拳乱岁月会见袁世凯》（Interview with Yuan Shih K'ai in Boxer Days）第 3、4 页上声称，人们不要忘了，袁世凯当时处在十分困难的境地，因为他除了受到山东人民欢迎就一事无成。"当袁 1899 年来到这座城市的时候，民众因为他的进步性而骂他是'洋鬼子巡抚'。"

24 马士：《中华帝国对外关系史》，第 3 卷，第 188 页。

25 马士：《中华帝国对外关系史》，第 3 卷，第 198 页。

月 1 日，保定府东北 25 英里处的永清（Yungtsing），两名英国传教士遇害。[26]6 月 8 日，北京的美国公民发了一封电报给麦金莱（McKinley）总统（这是一封他永远收不到的电报），用下述语言概要叙述了当时的形势：

> 华盛顿，麦金莱总统：拳民毁坏教堂，屠杀数百名基督徒，威胁灭绝所有外国人。通州（Tung Chou）已无可救药；保定府、遵化（Tsun Hua）极端危险。中国军队毫无作用。北京、天津每天都受到攻击威胁。铁路被毁，电报线被切断。中国政府麻痹瘫痪。上谕口是心非；宠爱拳民。危险无处不在。除非局势缓和，聚到一起的三十名美国人实际上没指望了。[27]

由于袁世凯的努力，山东相对说来还是平静的。然而，这位巡抚显然觉得没有能力保护好分散在全省各地的外国人，韩维廉牧师 1900 年 6 月 24 日电告康格公使说，袁“希望所有外国人到沿海地方去”。[28]

美国人 1900 年在山东没有人丢失性命，很大程度应归功于美国驻烟台领事福勒与韩维廉牧师充满活力的工作。

6 月 17 日，韩维廉电报烟台的马茂兰（McMullan），告知济南一切平静，要求他电告从羊角沟（Yangchiakou）接走经济南转赴烟台的从乐陵（Laoling）、直隶撤离的十七名传教士的三艘轮船的确切日期。[29]同一天，他打电报给福勒，要求他敦促袁巡抚提供卫队护送“河南加拿大长老会到济南来的罗维灵（McClure）和其他十一名传教士”。[30]6 月 19 日，韩维廉电报询问福勒，“美国和英国领事能否派出轮船在下星期三左右抵达羊角沟，接走乐陵、沧州（Tsangchow）、庞庄（Pangchwang）、河南包括孩子在内的三十口人。”[31]

或许是由于觉得烟台至羊角沟间的普通轮船航班在紧急情况下靠不住，6 月 19 日，福勒在日本领事田结铆三郎（R. Tayui）的帮助下，亲自包租了驶往旅顺港的日本轮船“广谷丸”（Kwangki Maru）。包租了轮船之后，福勒又随即为要登船的避难者购买了大量乘船期间的必需品，嘱托烟台长老会传教士韦丰年（George Cornwell）具体负责这艘船。如此迅捷高效的安排，致使这艘轮

26　马士：《中华帝国对外关系史》，第 3 卷，第 199 页。
27　明恩溥：《动乱中的中国》（China in Convulsion），第 1 卷，第 216 页。
28　烟台领事馆：《其他信函》M.R.卷，第 1 号，第 91 页。
29　烟台领事馆：《其他信函》M.R.卷，第 11 号，第 35 页。
30　烟台领事馆：《其他信函》M.R.卷，第 11 号，第 34 页。
31　烟台领事馆：《其他信函》M.R.卷，第 11 号，第 35、46 页。

船首次从羊角沟返回仅承载了法国领事和他的妻子以及法籍罗马天主教主教常明德（Cesaire）几个人，该船起航时美国人一个也没有赶上。[32]

与此同时，外地的避难者们到达了济南。6 月 22 日，韩维廉电报说有 32 名成年人、17 名孩子已经"在巡抚足够的保护下"离开济南，[33]大约在 6 月 28 号抵达烟台。两天之后，韩维廉告知福勒说，他已经通知了邹平（Chouping）、青州府的英国浸礼会传教士以及潍县、沂州府美国北长老会的传教士、济南罗马天主教传教士。[34]26 日，他电报福勒说，伦敦传道会、美国公理会（the American Board Mission）、美国北长老会二十四名男女和孩子将于翌日离开济南，而他本人和美部会（A. B. C. F. M.）的铂金斯（Perkins）要留在济南等待河南一伙人的到来。[35]7 月 3 日，韩维廉电告福勒，他和铂金斯一起当天要与本地方济各会传教士们离开济南到预定的海岸。[36]

上述电报内容表明，截至 1900 年 7 月 4 日，所有美国北长老会传教士都离开了济南，从河南、直隶（河北）来的各宣教团体的传教士也都离开济南踏上了去烟台的行程。

沂州 1899 年的重重麻烦，1900 年也演化成了动乱。6 月 20 日，明恩美（Emma E. Fleming）医生写信给福勒领事谈她的护照一事时，附言说"这里一切安好"。[37]然而，四天以后，韩维廉电报建议沂州传教士离开那里到沿海去。6 月 28 日，沂州布道站从台儿庄（Taierchuang）电告福勒说，"星期四启程去青岛"。当时在沂州只有章嘉礼医生、明恩美医生和富维思牧师夫妇四人。6 月 28 日，他们乘坐四辆马车离开沂州北上，目的是经潍县到沿海去。[38]途中，他们从一位天主教徒那里了解到潍县布道站已经被毁，于是，就向胶州奔去。到了胶州，在同名称的海湾有一些德国军队，这些避难者终于安全了。7

---

32 烟台领事馆：《发送信函急件》（Correspondence-Despatches Sent），D. S.卷，第 3 号（1898 年 10 月-1900 年 8 月），第 477-480 页。

33 烟台领事馆：《其他信函》M. R.卷，第 11 号，第 71、72 页。

34 烟台领事馆：《其他信函》M. R.卷，第 11 号，第 91 页。

35 烟台领事馆：《其他信函》M. R.卷，第 11 号，第 115、116 页。

36 烟台领事馆：《其他信函》M. R.卷，第 11 号，第 208 页。据今天尚健在的济南避难者说，当时在济南有 7 名罗马天主教修士，他们是早前来到济南的，最后时刻断然拒绝离开这座城市。

37 烟台领事馆：《其他信函》M. R.卷，第 11 号，第 48 页。

38 有报道说，所有外国人都从内地撤离了，只有三名武装的天主教神父没走，他们留在沂州北 90 英里处的王庄（Wangchuang），住在一座"像一座堡垒一样坚固的"建筑里。参见《北华捷报》1900 年 7 日，第 979 页。

月 4 日，他们登上了往来于青岛和胶州之间的汽船。到了青岛之后，这四个人在伊伦娜大街（Irenestrasse）柏尔根夫妇家里住了一段时间。[39]

7 月 1 日，由于局势危险，登州的外国妇女和孩子安排到了"海圻号"中国军舰上，舰长萨（Sah）对外国人很好。[40]在他同意把美国避难者接到军舰上之后，美国"俄勒冈号"（Oregon）舰长瓦尔德（Wild）允许萨舰长在前桅上悬挂美国星条旗。[41]7 月 2 日，十一名男女和孩子从"海圻号"（中国）转移到了"海安丸"（日本），以便前往烟台。[42]赫士夫人和卫礼士（Mason Wells）夫人暂时留在"海圻号"上，五位男人还留在登州。[43]最终都撤离到了烟台。

虽然烟台被证明是安全的避难所，但也有某些理由担心义和拳会对这里发起进攻。于是，两位舰队指挥官罗杰斯（R. P. Rodgers）和肯普夫（Louis Kempff）6 月 28 日通过福勒领事通知在烟台避难的美国人，说他们留在烟台"是在冒险"。[44]结果，因为两位指挥官的警告，毓璜顶（Temple Hill）北长老会布道站的妇女和孩子们撤到了东海滩（East Beach），以便在紧急情况下易于到船上去。然而，义和拳并没有进攻烟台。

至于说青岛，德国人似乎担心攻击新建港口。[45]美国南浸信会娄约翰（John Lowe）及家人在青岛避难期间写道："所有避难者都被要求自己准备武器"，以便在受到攻击时自卫。娄先生说他自己买了一把驳壳枪，但在青岛期间没用上。[46]

39　明恩美前揭书，第 17、18 页。

40　萨舰长派了一支卫队保护传教士的财产；他的"海济号"军舰是一艘新的装甲巡洋舰，价值 250 万两白银，是那时最好的巡洋舰之一。参见《北华捷报》1900 年 7 月 25 日，第 181 页。

41　烟台领事馆：《其他信函》，M. R.卷，第 11 号，第 203-206 页。

42　烟台领事馆：《其他信函》M.R.卷。十一个人是文约翰（J. P. Irwin）牧师夫妇和三个孩子、路思义（H. W. Luce）牧师夫妇和两个孩子、聂会东（J. B. Neal）夫人、库铂（Effie B. Cooper）医生。

43　烟台领事馆：《其他信函》M.R.卷。五位男人是：狄考文博士、赫士牧师、卫礼大先生、聂会东（J. B. Neal）医生、欧文（Owen）先生（不能确定欧文先生是什么身份）。译者按：聂会东 1890 年即去了济南布道站，不知道为什么 1900 年时在登州。

44　烟台领事馆：《其他信函》M.R.卷，第 140-142 页。

45　1900 年 2 月头半月，青岛有传言说数千农民要进攻这座城市。参见《德华汇报》，1900 年 2 月 17 日，第 1 页。

46　《大美晚报》青岛副刊（Tsingtao Supplement of the *Shanghai Evening Post and Mercury*），1938 年 6 月 30 日，第 16 页。

北长老会山东各布道站最危险和最富戏剧性的情况发生在潍县。6 月 22 日，潍县布道站方法廉（Frank Chalfant）牧师打电报给烟台的马茂兰说："拦截美国给潍县的信件，所有人星期天撤离。"[47]两天之后，韩维廉电告潍县布道站，说山东巡抚正催促所有外国人前往沿海地区。[48]6 月 26 日，方法廉在贺乐德（Charlotte E. Hawes）与宝安美（Emma F. Boughton）两位小姐陪同下一起逃到了坊子（Fangtze），他从这里电告烟台的郭显德：

> 布道站二十五日傍晚遭焚，所有东西都毁了。德国煤矿人员等待德国骑兵今天到来。请电告纽约，方法廉。[49]

潍县情况的细节颇富戏剧性。25 日傍晚，一群义和拳挤进了布道站大院，高声喊着："打啊，打！洋鬼子伤不着你。"方法廉意欲纠正他们的错误想法，掏出左轮手枪朝人群里开了枪，他后来向福勒的报告说，他认为他杀死了一名中国人。虽然潍县兵营里的中国士兵最终过来了，但已经太晚了，除了"收拾大院里的战利品"，什么用都不管了。[50]很显然，愤怒的人群是要来杀死外国人，方法廉先生和贺乐德、宝安美军队来的时候还在布道站的大院里。趁义和拳一片混乱，忙于紧张抢掠顾不上寻找外国人之际，他们利用梯子翻越十英尺高的大院围墙，藏到了院墙外的高粱地里。在夜色的掩护下，他们在田地里穿行，半夜时分到了潍县东南方向十英里处的坊子，那里是德国的采煤中心。坊子的德国人衷心地欢迎他们几个来这里避难，过了几天之后，袁巡抚派来了100 名中国士兵，护送他们和十七名武装的德国工程师和采矿人员到了德国租借地，这才安全了。[51]

济宁布道站未受伤害。1900 年春天，良约翰夫人患斑疹伤寒病去世，良约翰牧师将遗体运至江苏镇江（Chinkiang）安葬。由于济宁的基督徒警告说，义和拳运动危险日益逼近，良约翰先生没有回济宁，而是直接回美国了。这样一来，长老会济宁布道站就没有外国人了。义和拳风暴爆发时，当地知县将布道站房屋门上贴了封条，布道站财产没有受到破坏。[52]

---

47 烟台领事馆：《其他信函》，M.R.卷，第 11 号，第 73 页。

48 烟台领事馆：《其他信函》M.R.卷，第 91 页。

49 烟台领事馆：《其他信函》M.R.卷，第 119 页。

50 烟台领事馆：《其他信函》M.R.卷，第 257-261 页。

51 参见《德华汇报》，1900 年 7 月 8 日，第 1 页。另可参见贺乐德：《旧中国的新惊险》（Hawes, *New Thrills in old China*），第 81-116 页。贺乐德认为，如果没有武装的德国人和他们在一起，他们将不能"活着到德国租借地"。

52 这一自然段的记述依据是济宁布道站早期成员的一封私人信函。

与全国 134 或 135 名新教传教士或山西包括孩子在内 78 名殉道数目相比较，山东传教士遭受的苦难相对说来还是很小的。[53]在卜克斯和两名德国罗马天主教神父被杀之后，山东再没有外国人遇害。这很大程度上是由于：一、继义和拳时期臭名昭著的山西巡抚毓贤之后担任山东巡抚的袁世凯努力保护外国人；[54]二、德国人对袁世凯提出警告，声称在山东有外国人遇害即要他负责。1900 年 4 月 16 日，美国国务卿海约翰向美国驻北京公使馆发出指令，大意谓："因此，你应尽早对你的德国同事说，美国政府感到在目前情况下，期望山东德国当局能保证在那一地区的美国公民像德国公民一样，生命财产受到必要的保护。"[55]这一指令，有可能导致德国山东当局对袁巡抚提出警告。即使事实上并没有提出这样的警告，租借地德国总督和德国军队的存在，无疑也是动乱时期的一个稳定因素。三、美国驻烟台领事福勒迅速而勇敢地承担起了责任，[56]忠诚无畏的韩维廉牧师向各差会发出警报，为各差会人员经济南和羊

53　赖德烈前揭书，第 516-517 页。

54　1900 年 7 月 17 日《北华捷报》（参见第 117 页）济南的记者发出的报道说：济南的袁巡抚已经发布一条"抓一名拳民赏 200 大洋的公告"。1901 年 5 月 17 日，郭显德博士写道："在过去一年里，我们再怎么感谢有一位明智、行动迅捷的巡抚都不过分。"参见《教务杂志》第 32 卷（1901 年），第 320 页。

55　1900 年 7 月 31 日，德国驻华盛顿公使通知美国国务卿海约翰说："帝国青岛总督已经接到训令，在同中国总督（the Chinese governor-general）交换了意见之后，注意尽一切努力保护所有国家的基督教传教士，此外，德帝国的一艘军舰将开往烟台（Tschifu），保护那里周围地区的外国人利益。必要时，德帝国政府还将采取其他适当措施。"参见《对外关系》，1900 年，第 338 页。

56　在两位美国长老会传教士——韩维廉和韦丰年的帮助下，福勒在义和拳风暴期间提供了难以估价的服务工作，下述情况能够说明这一问题：

（1）《北华捷报》青州府通讯员——一位英国传教士写道：假如福勒、韩维廉、韦丰年是英国人，他们将被授予维多利亚十字勋章（V. C.）。参见《北华捷报》，1900 年 8 月 1 日，第 227 页。

（2）1903 年 10 月 7 日，因为福勒即将离任回国，烟台外人社区赠送给他一只高 18 英寸的纯银银杯，上面镌刻着这样感激的话语："只要历史记录了义和拳爆发的悲剧事件，您在此期间的服务便永留青史；因您在危急时刻值得赞赏之行为，令我们得免苦难、保住生命，感激之情，永志不忘。"参见《北华捷报》，1903 年 10 月 16 日，第 792 页。

（3）尽管烟台及其附近的美国公民参与了上述赠送银杯一事，但他们还单独给福勒写了感谢信。参见《北华捷报》1903 年 10 月 16 日，第 792 页。

（4）"日本天皇和中国皇帝都为福勒授勋，俄国、日本、中国、英国、加拿大政府都为他在烟台担任领事期间给各国公民提供的帮助表示感谢。"福勒先生 1923 年 12 月 29 日在马赛诸塞州温彻斯特（Winchester, Mass.）去世。参见《中国评论周刊》（China Weekly Review），1924 年 2 月 23 日，第 457 页。

角沟撤退至烟台作出安排。他们做这些事情有很多困难，其中之一就是袁巡抚衙门里有一个电报分站，使他能够了解经济南发出的所有电报的内容，为解决这一问题，福勒领事不得不给内地各布道站寄送密码电报，以便在紧急情况下使用。[57]

1900 年 8 月 14 日北京公使馆解围之后，山东局势很快有了改观。8 月 22 日，袁巡抚电告烟台美国和法国领事说：一、已清除青州和武定两府辖区的义和拳；二、业经令山东各级官员严惩义和拳，予基督徒以适当帮助；三、已将许多失职官员革职。[58]然而，尽管下达了严惩义和拳与失职官员的命令，义和拳暴力事件仍偶有发生。9 月 4 日，一支 24 人组成的德国登山队，在辛疃（Hsin Tan）附近遭到约 500 名中国人攻击。德国人没有人员伤亡，30 名义和拳被杀。[59]10 月 22 日，在高密西南约 15 英里处，8 名德国巡逻兵遭到枪击，他们进行反击，打死打伤了约 20 名义和拳。[60]第二天，一支德国特遣队突袭这一防御很好的村庄，杀死了约 200 名中国人，德国人没有伤亡。[61]

---

57 在已故韩维廉牧师的文件中发现了一份电报密码抄件和福勒领事一封分有趣的信函：

第 4462 号　　美国驻烟台领事馆 1901 年 3 月 6 日

抄本

致济南府美国北长老会

先生们：

由于内地电报由衙门控制，经常无法发报，就像济南的电报由（巡抚）衙门控制，交流重要信息很困难，有时根本就不可能。

去年春天，为了在济南府向我传递重要情报，即不得不请那座城市里的一位英国官员用他的领事密码给这里的英国领事打电报，英国领事再将译出的电文转给我。

为了提供一种安全媒介，兹附上一份电码及解码，要置于安全地方，不可让中国人知晓。须知这种电码只有在必须保密或期望保密的情况下方可使用。

每个布道站都将有一份这一电码的抄本，可用来相互联络，必要时也可用此电码与公使馆联络，此码也将寄给公使馆一份。

先生们，很荣幸能忠诚为您服务。

约翰·福勒领事

附：

电码及解码。

58 烟台领事馆：《其他信函》，M. R. 卷，第 13 号，第 13 页。

59 烟台领事馆：《其他信函》，M. R. 卷，第 81、82 页。

60 《德国胶州政府公报特刊》（*Extra Ausgabe des Amtsblatts fuer das Deutsche Kiautschou-Gebiet*），青岛德国租借地政府，1900 年 10 月 24 日（特刊页）。

61 《德华汇报》1900 年 10 月 29 日，第 2 页。

二、义和拳运动之处理

与此同时，联军代表决定要给予义和拳运动祸首以怎样的惩罚，中国应支付赔偿金的数额。[62]关于惩办祸首，有意思的是前山西巡抚、在山西实行屠杀的毓贤，1901 年 2 月 22 日在甘肃首府被斩首，[63]李秉衡，前山东巡抚，在他任职期间能方济和韩理迦略神父被屠杀，虽然已经死去，但被追夺官职。[64]关于赔款数额，确定总额为 450,000,000 两白银，其中赔偿美国数额为 32,939,055 两白银。[65]

在给予美国的赔偿总额中，明确有 570,983.75 美元分配给美国各宣道社团，其中有多少交给美国北长老会海外宣教总部支付山东美国北长老会的损失，没有公开数据，美国山东北长老会的损失实际上仅限于潍县。

在山东，所有对中国声索的赔偿，如果不是全部，也是大部分都由地方支付了。[66]这很显然是因为袁世凯宁愿由山东地方财政支付这些赔偿，也不愿把赔偿金交给各列强代表。

山东北长老会各布道站潍县的损失最为严重。潍县布道站大院里的教堂、男子中学、女子中学、男子医院、女子医院、七座外国人住宅、学生寝室、接待室等全部毁坏。四十个或更多布道分站，150 个基督教家庭部分或全部遭洗劫，损失财产 18,000 大洋。据《北华捷报》潍县通讯员报告，潍县长老会的赔偿要求似乎得到了解决，山东省政府支付了 45,000 两白银，原要求赔偿额为 64,000 两白银，[67]其中包括中国基督徒的损失。削减的 19,000 两白银赔偿

62　马士：《中华帝国对外关系史》，第 3 卷，第 353 页；马慕瑞前揭书，第 1 卷，第 278-284 页；赖德烈前揭书，第 521-524 页。

63　《对外关系》，1901 年附录，第 99 页载：据报胡福坤（Hu Fu-k'un）亲眼见证毓贤被斩首。明恩溥在《动乱中的中国》（Arthur H Smith, China in Convulsion）第 1 卷第 550 页上说，"因为没有外国人亲见这些死刑犯被处决，许多人认为行刑方式的真实情况报道不足为据，……。"

64　《对外关系》，1901 年附录，第 52、53 页。

65　马士：《中华帝国对外关系史》，第 3 卷，第 353 页，另可参见马慕瑞前揭书第 1 卷，第 311 页。

66　司快尔（H.G.Squires）在向海约翰的报告中，提出反对这一赔偿程序。他不点名地批评了山东有两名新教传教士（不是长老会的）的赔偿要求，其中一位传教士要求赔偿往返美国的旅费 2,002.25 美元，在南卡罗来州格伦威尔（Greenville, S. C.）的住宿费 48 美元，另一位传教士要求赔偿到美国的旅费 900 美元。然而，袁巡抚同意支付这两位传教士的赔偿要求。参见《对外关系》，1901 年，第 97、98 页。

67　此时《北华捷报》潍县通讯员似乎一直是潍县布道站的方法廉牧师。

金，主要是"个人要求的赔偿金"。[68]

济南的外国人财产损失轻微。中国士兵在拳乱时期守护外人住宅，不过，偷偷摸摸地抢劫传教士住宅的情事仍时有发生。事后赔偿长老会的财产损失共计 5,500 两银子，其中包括中国基督徒的财产损失在内。[69]原定赔偿损失金额为 7,000 两，为感谢历城知县和袁巡抚 1900 年慷慨捐助差会男医院（the Men's Hospital），[70]缩减为现在的 5,500 两。拳乱时期布道站成员现在尚健在的人说，济南传教士缩减赔款数额是有条件的，那就是原来有一个散发着恶臭的"粪场"（fen ch'ang）——中国人沤粪便做肥料的地方，要迁移到南郊圩子墙外至少两华里处，中国方面答应了这一条件，并照办了。

沂州传教士遭抢劫的情况似乎比济南严重。四处传教士住宅，有两处被抢一空，另两处部分被抢。男、女诊所，男、女医院（四处都是独立所在）以及教堂，也都遭遇了部分抢劫。虽然各建筑物没有被毁掉，但门窗都卸走

---

[68] 《北华捷报》1900 年 11 月 14 日，第 1030 页；另可见《北华捷报》1901 年 5 月 29 日，第 1030 页。

整个赔偿事件令人困惑，非常复杂。长老会鲁东区会 1900 年 10 月 10 日备忘录中有言："长老会鲁东和鲁西区会认为：（1）长老会海外宣教总部应该接受毁坏财产损失赔偿，接受拳乱期间所有额外花销赔偿；（2）对传教士个人在拳乱期间所毁坏的私人财产以及额外开销，均应予以全额赔偿；（3）我们同意由长老会海外宣教总部协调并根据总部的建议，确保获得这些赔偿。"

很显然，由于袁巡抚支付了拳乱时期所造成损失的赔偿金，长老会鲁西区会 1901 年 8 月 23 日通过了以下动议，"决定：我们记下我们对美国的朋友们，特别是匹兹堡（Pittsburg）附近地区的朋友们的感激之情，感谢他们为重建潍县布道站捐助资金，自山东巡抚支付了潍县财产损失的赔偿金以来，发生了超出我们最美好期望之事，我们诚挚希望利用美国国内捐助的这笔资金，扩建潍县布道站大院，迁移我们的山东教会大学（Shantung Mission College）——文会馆成为必然，文会馆现在登州。"

山东北长老会西部差会 1903 年 2 月 5 日备忘录（第 68、69 页）显示，美国长老会海外宣教总部同意潍县布道站动用 26,135 美元进行重建。由于难以预料的劳动力和材料价格增长，重建费用超支 5,545 美元（参见备忘录第 69 页）。

[69] 济南布道站现存账簿为 1877-1890 年、1902-1938 年，这意味着 1890-1901 年包括拳乱时期的账簿（第 3 号）遗失了。根据这一时期济南布道站成员、《北华捷报》济南通讯员聂会东的说法，这一数目无法查核。现存济南账簿能够提供一些很有趣的信息，例如：第 2 号账簿显示，1890 年 4-8 月间，金银兑换比率为 1.246-1.077。1938 年 10 月 28 日，上海的金银兑换比率为：6.25 银元可购买 1 元金币，而 1 金元币的卖价是 6.13 银元，也就是说，1 美元可兑换 6.13 墨西哥银圆或中国大洋；1940 年 2 月 20 日，购买金元币和出售金元币的价格则分别是 14.29 银元、14.10 银元。

[70] 《北华捷报》1901 年 5 月 22 日，第 981 页。

了。[71]"美国人在沂州的损失"赔偿金为 4,700 两，[72]三分之二由山东省库支付，余下的由当地县财政支付。"美国人的损失"明白无误地说明 4,700 两赔偿金不包括中国基督徒要求的赔偿。[73]两个月后，《北华捷报》沂州通讯员的文字将沂州赔偿问题说得更清楚了，他写道："当地人的损失实际上全部赔付了，但却不是按应得数额赔付的。"[74]袁巡抚的洋务局（Bureau of Foreign Affairs）似乎在山东全省统一实行一条规则，基督徒得到的赔偿是他们声索的 35%。[75]

三、返回工作：本地教会

1901 年春，男传教士们回到了各自的布道站，赫士博士则"有幸受登州地方当局邀请"，自 1900 年 9 月以来大部分时间都留在那里。[76]1901 年 3 月 19 日，十六名传教士包租一艘日本小轮船离开烟台至羊角沟。[77]全部十九名传教士中，[78]莫约翰（Murray）、韩维廉、聂会东先生回济南；狄乐播、方法廉、法礼士（Faries）先生赴潍县。[79]3 月 21 日，他们抵达小清河口羊角沟，袁巡抚派出的五十名士兵组成的卫队在那里迎接，并护送他们溯河而上。济南一路乘坐小船于 3 月 28 日抵达省城，第二天，历城知县和袁巡抚的代表拜访了他们，并带他们在布道站房产处走了一遭，目的是估算外国人不在期间的财产损失。[80]

3 月 29 日，狄乐播与费习礼（Fitch）先生和法礼士医生抵达潍县，受

71　《北华捷报》，1900 年 11 月 7 日，第 797 页。在中国拳祸赔偿单中，美国金元等于 0.742 中国海关两。按照这一比率，沂州赔偿 4,700 两等于 6,334 美元。参见马慕瑞前揭书，第 1 卷，第 281 页。

72　《北华捷报》，1901 年 12 月 18 日，第 1175 页。

73　《北华捷报》，1901 年 12 月 18 日，第 1175 页。

74　《北华捷报》，1902 年 2 月 19 日，第 319 页。这一时期的沂州的通讯员似乎一直是方维廉；无论如何，也是一位沂州长老会布道站的成员。

75　一位登州的通讯员报道说，"正在返还被抢劫的财产和去年夏天的强制性罚款。"见《北华捷报》1901 年 3 月 6 日，第 427 页。这说明登州"本土基督徒声索的赔偿"全部支付了。

76　《北华捷报》，1900 年 11 月 7 日，第 977 页；另见 1900 年 8 月 26 日，第 656 页。

77　《北华捷报》，1901 年 4 月 17 日，第 735 页。

78　译者按：前面说十六名传教士包租一艘日本轮船离开烟台，这里不知何故又说"全部十九名传教士"。

79　《北华捷报》，1901 年 3 月 27 日，第 579 页。

80　《北华捷报》，1901 年 4 月 17 日，第 735 页。

到当地军政官员的热诚欢迎。这些官员中有一位在回答传教士们的问题时说，"由于去年潍县布道站被毁，已经准备了一家小客栈供我们暂住。"[81]袁巡抚电示潍县地方官员，送给他们"一只活羊，100 市斤面粉等物品，以为款待"。[82]

章嘉礼医生与方维廉牧师沿德国新修建的铁路乘坐火车从青岛至胶州，1901 年 5 月 4 日抵达沂州。尽管济宁早已开设了布道站，但由于布道站成员在拳乱之前就离开了，所以这时几乎没什么人。所有布道站的妇女回到布道站的时间比男传教士们要晚一些。1901 年秋天，潍县布道站的一些女士回到了布道站，韩维廉夫人回到济南与丈夫团聚。至于沂州，"女士们是在 1902 年春季返回的。"[83]就这样，1902 年底之前，各布道站人员似乎都回到了自己的工作岗位。

在传教士们都回到了各自的宣教地之后，正如前面所述，他们发现济南、潍县、沂州地区的中国基督徒的财产遭受了严重损失。包括拳乱之前的损失在内，长老会中国基督徒中沂州的损失很可能是最为严重的。不过，同罗马天主教徒比起来，基督新教徒的损失还是要少得多，[84]这很可能因为人们认为是"德国罗马天主教"把"德国军事力量这么快地勾引到山东来了"。[85]

在任何像义和拳叛乱这样的暴乱中，物质方面的毁坏是人们可以用眼睛看到的，也是可以公正准确估价的，但道德品行方面的损害却是看不见也难以估量的。义和拳暴乱时期，道德品行方面的损害相当大，一些人放弃了信仰，不再担负信徒见证的责任了。在山东，放弃信仰退教的事情尤其容易发生，因为袁巡抚建议中国基督徒"暂时反教"。[86]山东北长老会教徒中拳乱时期反教的情况，北长老会鲁东和鲁西区会 1900 年 2 月在烟台召开的联席会

---

81 《北华捷报》，1901 年 4 月 24 日，第 791 页。
82 《北华捷报》，1901 年 4 月 24 日，第 789 页。
83 明恩美前揭书，第 19 页。
84 韩宁镐前揭书，第 450 页。
85 明恩溥前揭书，第 1 卷，第 161 页。
86 烟台上海《文汇西报》（Shanghai Mercury）通讯员 1900 年 7 月 20 日报告说："袁巡抚已经通知这里的各国领事，说在内地，他只能在两种情况下保护本地基督徒和传教士的财产。这就是：中国基督徒必须暂时反教；所有财产暂时予以没收。"参见《拳乱：中国义和拳乱史》（The Boxer Rising: A History of the Boxer Trouble in China），上海墨丘利公司（Shanghai Mercury）印行，1900 年，第 39 页。另见明恩溥前揭书，第 2 卷，第 653-655 页。

议，[87]以及鲁西区会同一时间的烟台会议的会议备忘录有所证实，其中有决议大意谓："雇用退教人员一事，留待各布道站自行决定。"[88]不过，总的来说，大部分中国基督徒信仰依然坚定，令人惊叹。

像动乱时期经常发生的情形一样，拳乱充满重重困难、迷茫、迫害的悲剧使教会有了意想不到丰富的灵的收获。在局势稳定之后，各地很多中国人都显示出对基督宗教令人吃惊的兴趣。1901 年 5 月 1 日，资深巡回布道人郭显德博士在山东东部旅行布道之后写道："每到一个地方，我都发现人们很友好，比以往那些年听讲更专注了。传道者很受鼓舞，充满希望……我接收了五十名承认信仰基督之人加入了教会，并征召了很多慕道友。人们确信没什么力量能够驱走外国人，也没什么力量能够消除基督教。"[89]沂州的章嘉礼写了一些关于特别聚会的报道，说："一天举行了四次礼拜，圣灵确实莅临其间，每次礼拜，教堂都挤得满满的，有 150 或 200 人……我们都很受鼓舞，充满喜乐。"[90]1904 年，郭显德博士报告说："我刚刚结束到内地四十天的旅行，从未发现人们像现在这么友好，有这么多人愿意倾听福音。"[91]潍县也发生了"令人振奋的复兴"现象，贺乐德（Hawes）小姐写道："我多么希望我能够向您更清晰地描绘出这些纯朴的人们是多么的渴望上帝之道，描绘出祈祷令人吃惊的力量……。"[92]罗马天主教发现"人们从来没有像紧随拳乱之后数年间这样强烈地向基督教靠拢"。[93]简言之，以义和拳叛乱而著称的大暴乱结束后的数年间，山东对基督教非常友好，教会成员显著增加，以后情况会更好。

87　《北长老会东部差会备忘录》（*Minutes of the East Shantung Mission*-unpublished），1895-1903 年（未刊），第 176-178 页。1900 年 2 月在烟台召开的这些会议期间，人们情绪激动，精心制定了退教人员恢复教徒身份的详尽程序。规定任何签署放弃基督教信仰声明之男、女教徒，在重新被接收为教会一员之前，都必须正式撤回反教声明，并由本人将签署的正式撤回凭据呈交"各县官员"（参见备忘录第 177 页）。在传教士回到各自的宣教区之后，履行这种精心制定的恢复教徒身份程序的情况，即使有，也微乎其微。

88　《（北）长老会西部差会备忘录》（*West Shantung Mission Minutes*-unpublished），1895-1900 年，第 125 页。由于义和拳运动，鲁西区会这一年的年会在烟台举行。参见本备忘录第 109 页。

89　《教务杂志》，第 32 卷，第 32 页。

90　《教务杂志》，第 34 卷，第 155 页。

91　《教务杂志》，第 35 卷，第 323 页。

92　贺乐德前揭书，第 152、155 页。

93　韩宁镐前揭书，第 538 页。

第八章　新时代的曙光

一、中国人对现代教育和外国人态度的变化

1902 年底，中国自身已恢复了相对正常状态，但她也遭受了前所未有的屈辱。马士对中国为自己 1900 年短暂的"仲夏疯狂"所付出的令人震惊的代价，做了极到位的概括性表述："她派出专使，其中有一位是皇帝嫡亲，去为谋杀派驻使节的恶行道歉；她自己对朝廷的高级官员进行惩罚，判处死刑或革降级；她停止拳乱地区的科举考试，而科举考试是读书人飞黄腾达的自然途径；她要为镇压她的反西方文明的暴乱支付一笔费用，这笔费用将束缚她四十年手脚；她接受了在她的首都建立外国堡垒和驻军的要求……；而且，不计一些其他较小的让步，她还同意接受她在 1854、1856 年所抵制以及自 1870 年以来不断反对的中外条约修订原则……。如果她要完好保留她的皇权统治，如果她要作为一个国家存在，她就必须修正她自 1834 年至 1900 年期间所奉行的治国理政方策。"[1]中国认识到了一个新时代已经到来，为了继续她显然已经完好保存下来的皇室统治，在短短数年间对治国理政方策做了足够的修正，直至 1911 年武昌城内的爆炸声中断了她的皇权统治，这一过早的爆炸，在民国时期引发了一系列大事件的发生。

新时代到来的标志之一是欢迎逃亡回来的传教士们。正如他所做到的那

---

1 马士：《中华帝国对外关系史》，第 3 卷，第 358、559 页。译者按：原文如此，疑有误。

样，袁世凯张开双臂欢迎他们。[2]他派了一名高级官员到潍县欢迎狄乐播、宝习礼、法礼士的归来。[3]1901年4月23日，韩维廉、莫约翰、聂会东拜会袁世凯巡抚，他会见了一个小时。[4]同一年秋季，济南的《北华捷报》通讯员报道说，袁世凯的大儿子来拜访他，他发现这位年轻人讲一口流利的英语，并表示希望到国外去走走。[5]

新时代到来的确定无疑的信号之一是袁世凯邀请登州文会馆的赫士博士到济南来帮助开办一所大学——山东大学堂，西学在这所大学占有显要位置。赫士博士6月份到了省城，开始准备制定这所大学四年本科和一年研究生课程规划。[6]赫士博士随行带来了六名中国基督徒教师，他成为这所大学的西学总教习。1901年11月13日，山东大学堂举行开学典礼，袁世凯参加了这个典礼。这所学校从一开始就实行星期天休息制度。在招收的299名学生中，120名首次考试通过，其中100名最终入学。[7]然而，第一学年末期，赫士博士与六名中国教师都辞去了这所学校的职务。[8]赫士博士离开济南之后去了烟台，任教那里的长老会圣经训练班（Presbyterian Mission Theological Class）。

义和拳时代以后，虽然山东大学堂有些倒退措施，但山东官员，尤其是济南的官员对外国人还是怀有真诚善意的。1902年，袁世凯捐献给长老会男、女医院100两银子，同年继任的张巡抚、胡蕃台以及一些较低级别的官员联合捐献了400两银子。[9]官方的宴请也显示出同样的善意，他们现在宴请外国人，而且人数在不断增多。1903年2月，洋务局举办了一次宴会，参加的有德国人、美国人、荷兰人、意大利人，既有基督新教传教士代表，也有罗马天主教

---

2 "我们一回到济南，他就在他的住处接见了我们几个人，他说：'你们离家避难好几个月，不管怎么说我都觉得没脸。在义和拳这件事情上，中国愚昧，愚昧至极。'"摘自韩维廉关于《拳乱年代会见袁世凯》的报告，第3页，该书手稿仍在韩维廉夫人处保存。

3 《北华捷报》，1901年4月24日，第789页。

4 《北华捷报》，1901年4月24日，第789页。

5 《北华捷报》，1901年11月6日，第878页。

6 《北华捷报》，1901年7月17日，第109页。

7 《北华捷报》，1901年11月27日，第1019页。

8 虽然袁世凯对待基督徒教师和中国学生的态度很开明，但在他离开之后，所有学生都被迫"礼拜孔子"。不准基督徒学生学习中学，除非他们情愿礼拜孔子；他们可以继续学习西学，但要缴纳一笔特别费用。参见《北华捷报》，1902年5月21日，第418页。

9 《北华捷报》，1902年5月5日，第421页。

传教士代表。[10]1903 年 4 月 13 日，周馥巡抚举办了一次有二十四人参加的宴会，十名外国人参加了这次宴会，其中有一名长老会传教士。[11]

二、1902-1904 年：差会教育的进步——文会馆搬迁

义和拳大变乱不同程度上动摇了山东北长老会东、西差会默守陈规的习惯；被迫在青岛和烟台数月之久无所事事的生活，为传教士们提供了一个审视过去工作、规划未来发展计划的机会。[12]无论什么原因，义和拳运动之后，英国浸礼会和美国北长老会计划整合资源迅速发展高等教育。早在 1899 年，北长老会西部差会即议决认为：（1）"在济南府建一所基督教大学的要求比以往任何时候都迫切"，（2）"要立即提出在济南府建一所大学的明确建议"，（3）"实现这一设想的最好途径是将登州文会馆迁移济南府"。[13]1900 年西部差会会议特别会议就这一问题拟定了一份关于迁移登州文会馆的报告。[14]

1902 年 6 月 13 日，英国浸礼会和美国北长老会代表在青州举行了联席会议，会议通过了"联合开展教育工作准则"，[15]其中他们同意"联合组建三所学院，即在潍县组建一所文学院，在青州组建一所神学院，组建一所医学院——地点和具体办法待定……"。联合组建三所学院的目的，"首先和最重要的是促进在华基督事业"（第一部分第一款）。联席会议同意文学院"应使用中文"进行教学和管理（第二部分第一款）。青州联席会议虽然没有通过任何特别宗派维护的决议，但在第六部分第一款中，规定各差会谨慎采取的第一步措施清楚地显示出了宗派维护意愿，大意为"关于教会管理和洗礼问题，将由各差会各自分别进行"。

10　《北华捷报》，1902 年 5 月 5 日，第 418 页。译者按：原文如此，年份与正文所说不符，这里的《北华捷报》似应为 1903 年 5 月 5 日。

11　《北华捷报》，1902 年 5 月 7 日，第 873 页。译者按：原文如此，年份与正文所说不符，似应为 1903 年。

12　与前面引述的 1898 年年度会议备忘录相较，山东北长老会东部差会 1901 年的年度会议备忘录，内容增加了 475%。

13　《山东北长老会西部差会备忘录》(West Shantung Mission Minutes)，1895-1900 年，第 85 页。

14　《山东北长老会西部差会备忘录》(West Shantung Mission Minutes)，1895-1900 年，第 115 页。

15　《山东北长老会西部差会备忘录》，1895-1900 年，第 83、84 页；另参见《教务杂志》第 35 卷第 154-156 页所载关于联合开展教育工作方式全文。译者按：这里的 1895-1900 年《山东北长老会西部差会备忘录》，原文如此，与正文所述 1902 年的会议时间有矛盾。

山东北长老会东部差会和西部差会分别于 1902 年 9 月 15 日（？）[16]和 10 月 10 日[17]提出了一些无关紧要的修正意见后，接受了青州联席会议制定的"联合开展教育工作准则"。同年，英国浸礼会也接受了这一"准则"。[18]

北长老会接受"联合开展教育工作准则"是急切的，1901 年夏天，赫士博士为了担任袁世凯巡抚计划创办的山东大学堂西学总教习一职而辞去了登州文会馆馆主的职务。邀请赫士博士去创办山东大学堂对长老会山东东、西差会来说，就是个"不祥之兆"。此外，德国人修筑的快竣工的胶济铁路，也使人们感觉到如果要保持基督教教育的领先地位，就要找一个比登州更适合的城市来办大学。[19]

在上述情形下，文会馆于 1904 年从登州迁移至潍县——一座位于青岛至济南的胶济铁路中间位置的城市。[20]文会馆迁至潍县而不是迁往济南，似乎是一个折中的选择。1905 年 4 月 15 日，联合办学的新建筑正式启用，除了两个合作办学差会的代表之外，美国南部浸信会的代表、瑞典浸信会的代表、同善会（German Weimar Mission）的代表都出席了庆祝仪式。[21]新建成的广文学堂有 120 名寄宿生。神学博士柏尔根牧师当选这所不再是纯粹美国北长老会自

---

16 《山东北长老会东部差会备忘录》（ Mission Minutes of the East Mission），1895-1903 年，第 209, 219-221 页。

17 《山东北长老会西部差会备忘录》，1901-1904 年，第 48-52 页。

18 1903 年 12 月 15 日，在青州召开了"合会学局董事选举"会议（译者按："合会学局"——the Union College，即山东基督新教大学——Shantung Protestant University，当时只有一个学院即后来称之为文理学院或文学院以登州文会馆为主体组建起来了，其他两个学院即神学院和医学院正在筹建中，尚未建成。这个文理学院或文学院人们又称之为"广文学堂"），神学博士狄考文牧师、韩维廉、德位思作为北长老会的代表，仲钧安、林惠生（S.B.Drake）、武成献（J.R.Waston）医学博士作为浸礼会的代表，参加了这次会议。参见《山东基督新教大学备忘录卷一》（Shantung Protestant University,Minute Booke No. 1），第 1 页。

19 下面这一事件展示了山东省城的潮流。1905 年 6 月 6 日，山东巡抚在电灯通明的房间里举行宴会，应邀出席这次宴会的是"十六或十八位"外国人，包括天主教和基督教传教士，以及山东高等学堂、军事学堂和师范学堂的教授。参见《北华捷报》，1905 年 6 月 16 日，第 572 页。

20 数世纪以来，潍县一直是个重要的商业中心，而由于胶济铁路的开通，其商业地位更加重要了。《北华捷报》潍县通讯员报道说，作为"胶济铁路连接外部世界的必然结果，"一家日本商业代表、两名印度商人带着他们的商品、一名为了其教派利益的摩门教传教士，"几天前都来到了这一商业中心地。"参见《北华捷报》，1903 年 4 月 16 日，第 729 页。

21 《北华捷报》，1905 年 5 月 5 日，第 230 页。

办而是一所（英国浸礼会和美国北长老会）联合开办的学堂监督。[22]

三、1904-1905 年：俄日战争

俄国没有履行在义和拳乱之后从满洲撤军的承诺，以及政治和国际局势的复杂化，导致 1904 年 2 月 8 日爆发了俄日战争。在这里说这场战争，有两个特别的理由。第一，这场战争大部分都是在中国的土地上进行的；第二，这场战争的结果严重影响了中国在韩国与满洲的主权。

这场战争几乎没有或者可以说是根本没有影响宣教工作[23]，对山东的传教士生活没造成什么影响。曾有谣传说日本军队从济南北面东进山东半岛，导致领事当局建议撤退妇女和儿童。在济南布道站的一次会议上，决定等等看，继续观察局势的发展，没有撤离任何人。[24]然而，潍县布道站认为，把外国妇女和孩子们暂时送到青岛去还是明智的。[25]

但是，这场战争在烟台和青岛却引发了一些骚动。1904 年 8 月 12 日，俄国驱逐舰"瑞驰泰尔尼"（Rechitelni）号被日本驱逐舰捕获带走了。1904 年

---

22 因为从这时起，这里已经是一所三个学院的大学校的学院之一了，所以"监督"（dean）这一称谓更合适。译者按：dean，现在一般译为"院长"，按当时学堂主管的称谓，这里译为"监督"。监督这一称谓真正成为学校主管用语，始于癸卯学制即《奏定学堂章程》的颁行。清末新政教育改革时曾制定过两个学堂章程，即人们所熟知的《钦定学堂章程》和《奏定学堂章程》。《钦定学堂章程》即壬寅学制并未实行，且其时制定的章程中无论高等学堂还是京师大学堂主管均无"监督"称谓，这一章程规定高等学堂主管称"总理"，大学堂主管称"官学大臣"（璩鑫圭、唐良炎编：《中国近代教育史料汇编·学制演变》，上海教育出版社 1991 年版，第 258、248 页）。《奏定学堂章程》是中国由国家颁布施行的第一份规定现代学制的系统文件，其中《奏定高等学堂章程》规定学堂主管为"监督"，《奏定大学堂章程》规定学校主管为"总监督"、分科大学主管为"监督"（《中国近代教育史料汇编·学制演变》，第 338、387 页）。自是，中国大学、高等学堂主管有了统一称谓，直至辛亥革命以后学堂改称学校，各级学校主管再次改变称谓。文会馆 1904 年秋迁移潍县与广德书院大学班合并改称广文学堂，是年恰值清政府在年初颁行了《奏定学堂章程》，学堂主管自此也依照清中央政府颁行的统一学制规定，改称监督，原文会馆第三任馆主柏尔根出任广文学堂第一任监督。

23 潘慎文（A. P. Parker）牧师在《教务杂志》第 36 卷第 236-245 页上阐明他对这场战争可能产生的影响，认为"战争总是对基督教的发展产生极大影响"……"这场战争将对在中国的宣教工作的进展产生巨大而深远的影响，我想所有仔细考虑过这一问题人都将承认这一点。"然而，这位作者却没有发现这场战争对山东的宣教工作有任何影响。

24 这些事实由是经历那场战争现在还健在的济南布道站成员提供的。

25 潍县布道站的情况是经历那场战争现在尚健在的潍县布道站成员提供的。

9月16日，"拉斯特劳谱尼"（rasteropny）号驶入烟台港，为了避免被日本人捕获，俄国人将其炸毁了。1905年1月2号，四艘俄国驱逐舰和一艘快艇驶入烟台港，中国当局拘禁了舰艇全部人员，控制了所有舰艇。[26]从旅顺港逃出来的部分俄国舰队，"装甲两侧裂有大洞，弯曲的烟囱受伤严重"，奔赴青岛修理。[27]

四、1905 年：峄县布道站的开辟

拳乱并没有减弱宣教区和他们家乡传教士们的热情。事实上，没有什么事情如此强烈地引起过整个世界对中国的关注，引发对作为遭受拳乱折磨的教会的同情。山东北长老会西部差会[28]打算利用这一有利形势施行其扩张政策。西部差会1902年在沂州举行的年度会议上，通过了一项决议，拟要求国内差会总部加派十名男士到山东来，其中"包括两名医生在内的六名要在鲁南地区开辟两个布道站"。[29]这次会议还决定请求当时正在国内休假的狄考文、柏尔根与赫士努力争取确保获得"开辟两个布道站的人力和财力"。[30]翌年在济南举行的年度会议上，西部差会"开辟新布道站委员会"建议：

（1）"依下列顺序：莒州（Kü Chow）、峄县（I Hsien）、曹县（Ts'ao Hsien），"开辟三个新布道站；（2）要求总部派遣"三名已婚医生，六名有妻室的牧师"。尽管在山东一次要求派遣十八名人员史无前例，但这一提议还是一致通过了。此外，西部差会还同意呼吁国内教会筹集 12,000 美金，"作为每个新开辟布道站最初数年间所需设备的费用。"[31]

1904 年，在济宁召开的年度会议上，匹斯堡东部自由长老会（East Liberty Presbyterian Church of Pittsburgh）承诺支持新建的一个布道站，该会有一些梅隆家族（Mellon family）成员，期望他们支持建立的这个新布道站"位于此前

---

26 马士：《中华帝国对外关系史》，第 3 卷，第 479-485 页；《对外关系》，1904 年，第 424 页后各页。

27 神学硕士罗威（J. W. Lowe, Th. M）文，见《上海大美晚报·青岛增刊》（*Tsingtao Supplement of the Shanghai Eventing Post and Mercury*），1938 年 6 月 30 日，第 16 页。

28 1905 年至 1911 年间，因为相隔太远、旅行耗时且很困难，山东 北长老会差会分为东部差会和西部差会两个差会。在山东境内建造了两条铁路之后，消除了这些障碍，两个差会又合为一体了。

29 《山东北长老会西部差会备忘录》，1901-1904 年，第 53 页。

30 《山东北长老会西部差会备忘录》，1901-1904 年，第 58 页。

31 《山东北长老会西部差会备忘录》，1901-1904 年，第 83 页。

没有基督教影响的地区"。[32]匹茨堡教会的期望致使西部差会改变了前一次年会做出的开辟新布道站的次序，决定先开辟峄县布道站。[33]1905 年（9 月 30 号-10 月 10 号）在潍县召开的年度会议上，首次提到了峄县布道站的三位代表：叶克思（C. H. Yerker）牧师和叶克思夫人、孔维廉（W. R. Cunnningham）医生，[34]那时这三个人是否已经住在峄县，备忘录没有记载，但在这次会议上对峄县进行评估，则证明峄县在三个希望开辟的布道站中"捷足先登"了。

五、1910 年："美国北长老会中国议会"

从管理角度来看，美国北长老会中国议会（the China Council）的组建，在中国的美国北长老会各差会"宪政"发展中是一个重要措施。首先，这个委员会是美国北长老会在中国各不同差会的协调机构；其次，它可以代替纽约总部在宣教地更迅速、更好地处理大量琐碎事务。各差会没有组建中国委员会之前的时期，使人想起了美国殖民地时代的历史，那时每一件重要事件都必须提交给伦敦处理。

美国北长老会中国议会于 1910 年 9 月 6 日至 12 月 9 日在上海召开第一次会议。[35]直隶差会（Chili Mission）的路崇德（J. W. Lowrie）博士被选为委员会主席；他在这一职位上一直工作到 1925 年，此后至 1929 年间担任名誉主席。1925 年，拉尔夫·C·威尔斯（Ralph C. Wells）博士继路崇德博士担任委员会主席，同年，玛格丽特·A 弗雷姆（Margaret A. Frame）小姐出任委员会秘书（1925 年之前，威尔斯博士和弗雷姆小姐一直是美国北长老会上海差会成员）。神学博士赫士牧师代表山东长老会东部差会、神学博士韩维廉牧师代表山东长老会西部差会出席了 1910 年的中国议会第一次会议。[36]

32　《山东北长老会西部差会备忘录》，1901-1904 年，第 132 页。

33　《山东北长老会西部差会备忘录》，1901-1904 年，第 132 页。

34　《山东北长老会西部差会备忘录》，1903-1908 年，第 1 页。

35　《中国议会备忘录》，1910 年，第 1-32 页。

36　尽管山东北长老会东部差会和西部差会于 1911 年 10 月 7 日正式重新合一为长老会山东差会（参见《山东差会备忘录》，1911 年，第 22 页），统一起来的北长老会山东差会依然在美国北长老会中国议会中有两名代表。